南原繁の共同体論

下畠知志 著
SHITABATAKE Satoshi

論　創　社

南原繁の共同体論

まえがき

南原繁（一八八九〜一九七四）は、戦前は「洞窟の哲人」と綽名された純粋の学問人として、戦後は広く大衆に訴えかける思想家として活躍した近代日本の思想家である。

本書は、南原が学問人として「非情の情熱」を論理に託して書いた戦前・戦中の論文を、南原の問題意識から読み解こうとした論文集である。この時期の論文をまず対象にするのは、南原の戦後における思想家、広義の政治家としての活動を根底において規定している考え方は、学問人として沈潜し、精魂を傾けてまとめた論文にあると考えるからである。

南原のこの時期の論文は、『国家と宗教』（一九四二）、『フィヒテの政治哲学』（一九五九）、『自由と国家の理念』（一九五九）などにまとめられているが、本書の特徴をひとつ挙げるとすれば、主著とされる前二者に収録された論文を、著書にまとめられた形ではなく、南原の学問の成立・展開に即して、つまり南原が一本一本の論文をどのような問題意識から執筆したかを、論文の成立の場、その順序の持つ意味を意識して考えようとしているところにある。

これは、南原の学問をその機能や論理構造において捉えるのみではなく、南原自身の実存、現実に対する方法・態度から構築されたものとして捉えようとするためである。このように、南原の構築していった論理を南原自身の自己規定の成立とそこからの現実との格闘として見ていくことによってはじめて、生きた思想としての強靱さと南原の学問の成立と時代との対峙が持つ、同時代における意味、そして近代日本思想史における意味を考えることができるのではないだろうか。

本書は二部構成とし、「第一部　実存と学問」では、一九三六年における南原の問題意識の転回と共同体論の展開を、論理構造を中心に内在的に分析し、転回における南原の自己規定を論じている。「第二部　学問と思考様式」では、南原の「転回＝展開」を可能にした思考様式・思考態度・思考構造と学問体系との関係をその成立期に探っている。これらによっては南原を近代日本思想史に位置づけるには至ってないが、今後の考察の踏み台になると考えている。

二〇一二年七月

南原繁の共同体論　目次

南原繁の共同体論

第一部　実存と学問

南原繁の「共同体」論——一九三六年における転回——

序章　研究の課題と方法

思想は、一貫性をもってはじめて生きた思想となる。生きた思想は、他の思想と対峙することで、また、生きる。思想の生命は、「自己同一を持続的に貫くこと」と、「発展的自己同一を失わずに、他の思想からまなぶこと」、この二つにかかっていると、久野収は言った。つまり、「一方を形式論理、他方を弁証法だといえば、形式論理の原則、自同律をまもりながら、弁証法を生かすこと」が必要なのである。(1) 丸山真男は、思想家について次のように言う。

「不変性は思想家の名誉ではないし、転向は必ずしも彼の不名誉ではない。問題はまさにその立場の転回なり変化なりがいかなる内的必然性をもつて行われたかということにあるのである。その意味では、一個の思想家の生涯には、必らず彼の変化を規定しているある不変なものが見出される筈だ。(2)」（圏点は原執筆者、傍点は引用者。以下同じ）

「変化を規定しているある不変なもの」が、一貫性・基底的連続性であり、「形式論理」的側面であろう。それに基礎づけられた「変化」は、柔軟性・表層的適応性であり、「弁証法」的側面であろう。

南原繁は、明治後期の「煩悶時代[3]」に学生となり、大正デモクラシー前期を内務官僚として過ごし、天皇制ファシズム下においては大学人として「洞窟の哲人」と呼ばれ、戦後は日本の指針を示す指導者として多くの発言を行った、近代日本の「思想家」である。その生涯が、どのような時代を背景にもっていたのか、南原の同時代がいかに激動の時代であったのか、について教えてくれるのは、丸山真男・福田歓一によって編集された『回想の南原繁』（一九七五）、『南原繁書簡集』（一九八七）、『聞き書南原繁回顧録』（一九八九）、そして『南原繁著作集』全一〇巻（一九七二、七三）の「解説」などであろう[4]。これらはまた、そのような歴史的背景のなかで南原が、一貫性をもち続けた一個の「思想家」であったことを語っている。

時代背景から南原の一貫性を描きだすこれらの述作に対して、南原の中心理論とも言える「価値哲学」あるいは「価値並行論」から南原の一貫性を論ずるものとして、三谷太一郎による「解説――南原繁百歳」、加藤節による「南原政治哲学における『学的世界観』の構造」がある[5]。三谷は、「価値哲学」に支えられた「『国民共同体』の形成こそ、キリスト者および政治哲学者としての、そして政治教育者としての南原の生涯を貫く一大テーマであった[6]」と述べ、加藤は「南原繁の知的営為の最大の特質は、眼の前に展開する歴史的現実との凄まじいまでの思想的対決、政治の動態を嚮導する『世界観』や『イデオロギー』の『意味』への徹底的な『批判』を『非情の情熱』をもって一貫して続けた点に求められる[7]」と評する。そして両者ともその一貫性の根拠は、南原の「非合理的部分」あるいは「確信」の部分においている。三谷は次のように述べる。

「家長的価値観に由来する共同体的価値観は、『価値哲学』の原初的動機であり、その理論的部分には組み込まれえない非合理的部分である。それは南原における学問と人格とを内面的に結びつける媒介的部分である。[8]」

加藤は南原政治哲学の評価と関連させて次のように言う。

「南原政治哲学全体の評価に関わる一つの根本的な問題を挙げることが許されると言ってよい。究極的には宗教的神性に連なる政治的価値『正義』の先験的妥当性への殆ど定言命法的な確信の上に築かれた南原政治哲学が、そうした確信を、例えば単なる形而上学的なドグマ、あるいは主観的な信念として否定する人々の反論にどこまで堪えうるかがそれである。……その確信が、南原政治哲学に比類のない個性と強みとを与えるものでもあったことを疑うことはできないであろう。[9]」

南原の一貫性は、「共同体的価値観」、「政治的価値」を中心に展開されている点、そしてその

「共同体」成立の根拠は、理論的には組み込まれておらず、南原の「確信」に支えられているという点で、両者は一致している。これは、南原の中心理論は「共同体」論であるが、その「共同体」論がいかに形成されたかを問うことは、生産的でないということを物語っている。それよりも、「共同体」論が、「現実との思想的対決」のなかで、どのような「比類のない個性と強み」を与えたかを問うことが、南原を評価するうえで重要であるということになろう。つまり、激動の時代、「共同体」論をいかに展開し、その展開にどれだけの意味があるのか、南原がその「確信」をいかにして貫くことができたのか、が問われなければならない。

これまでの南原像は、歴史的側面からは、南原の一貫性を前提にしてその時代背景の激しさにアクセントがおかれ、理論的側面からは、一貫性・基底的連続性にウェイトがかけられてきたといえる。三谷の論文は、歴史・理論の両面から南原の「共同体」論の機能を描きだしているといえる。しかし、理論の発展という点では、やはり加藤と同様、その「弁証法」的展開には触れられていない。ただ、これらの限界は各論者の立場、例えば福田が「解説は書評ではないから……内容を理解する上に役立ち、将来の研究者のためにも必要と思われる事実は、なるべく記録しておきたいという……願い」[10]に基づいて書いたものであったり、あるいは加藤が「南原政治哲学の理論構造それ自体を可能な限り正確に理解すること」[11]を課題として書いたものであること、に基づくゆえの限界である。

本論では、南原の「思想家」としての「一貫性のもとでの柔軟性」、「基底的連続性に支えられた表層的対応性」、「形式論理の原則のもとでの弁証法」、という側面に光をあててみたい。南原の一貫性とは三谷・加藤の言うようにその「共同体」論にあるといえよう。そのもとでの弁証法を問題にしようとするのは、南原の次のようなことばを南原自身に当てはめてみようと思うからである。

「人は生涯において、あるいは常識、あるいは科学、それぞれ確実として信頼して来たものが、にわかに崩れて動揺し、あるいはそれをもって満足し得ないことがある。それはわれわれが哲学に参ずる時と考えていい。およそ人が誠実に生き、そして真剣に思惟の旅をつづけるときに、一度はそういう時に逢着するであろう。それはその人にとって思惟と生活の革新の秋であって、姑息な弥縫は許されない。そのとき、これまで生活し、学び来ったものが、あるいは退けられ、あるいは修正され、または新たなものが見出されるであろう。まず素朴な常識的見解から、つぎに客観的な科学的知識へ、そして最後に世界観的学としての哲学へと、この三段階の展開は、一種の弁証法的発展に似たものがあるといえよう(12)。」

儒教的世界観を所与として出発した南原にとって「思惟と生活の革新の秋」とは、「煩悶時代」の新渡戸稲造・内村鑑三・筧克彦らとの出会い、あるいは、内務官僚時代のマルクス主義との遭遇、が挙げられよう。しかし、南原に「弁証法的展開」を余儀なくさせたもっとも重大なものは、「日本ファシズム」との「出会い」であった。南原は内務官僚から大学人に転身したが、かつての同僚は政党内閣崩壊後、「新体制」の創出を試み、「新官僚」といわれるようになる。南原が大学に戻ったのは、あくまで「内面的課題の学問的追求」が目的であった。そして「洞窟の哲人」として沈潜するが、「日本帝国」の崩壊後、「新官僚」に代わる国民的指導者として南原は表舞台に立つことになる。「洞窟の哲人」と呼ばれた時期、南原が「新体制」を支えたかつての同僚たちから現実認識のうえで袂を分かたねば、敗戦直後、表舞台に立つことはなかったであろう。つまり、大学で沈潜していた時期、必ず一度何らかの「転回」を遂げていたということになる。しかし、「常に時代の運命を自己の運命と一つのもの」として考えた南原が、「時代の運命」と袂を分かつことは、「確実として信頼して来たものが、にわかに崩れて動揺」し、「哲学に参ずる時」であったはずである[13]。

この「時」を本論文では、一九三六年とする。そして、その前と後で、「共同体」論がいかに弁証法的展開を遂げたかを明らかにすることが第一の課題である。これが、第一章と第二章である。ここでは主として南原が戦前・戦時期に発表した論文の内容から、問題意識、論理の展開、そこに含まれる時代批判を読み取っていくという方法で構成する。第一章では、「形式論理」としての南原「共同体」論の成立を、第二章では「形式論理」つまり前期「共同体」論からの「弁証法的展開」を扱う。第三章は、この「転回」を南原の自己規定という側面からふりかえる。つまり、「転回」の「時」にあたって、南原が自己の使命をいかに貫こうとするなかで「転回」を遂げたのか、第二章で述べる問題意識を南原が自己をどう規定するなかから生み出したのか、を明らかにすることを目的とする。これが第二の課題である。

以上のような問題意識と構成によるため、加藤節の言う、南原の「確信を、例えば単なる形而上学的ドグマ、あるいは主観的な信念として否定する人々の反論にどこまで堪えうるか」という問いへの回答にはならない。南原が「比類のない個性と強み」をもった「思想家」として、「形式論理の原則……をまもりながら、弁証法を生か」し、自らの思想的生を生き抜いた、最も典型的な一時期を描くことを課題とするからである。

註

（1）久野収・鶴見俊輔『現代日本の思想――その五つの渦――』（岩波書店、一九五六）二一三〜二二四頁。

（2）丸山真男「ラスキのロシア革命観とその推移」（同『増補版現代政治の思想と行動』未來社、一九六四）二四三頁。

（3）丸山真男・福田歓一編『聞き書南原繁回顧録』（東京大学出版会、一九八九。以下、『回顧録』と略記）六頁。

なお、当時の青年層の状況については、筒井清忠「近代日本の教養主義と修養主義――その成立過程の考察――」（『思想』八一二号、一九九二）参照。

（4）丸山真男・福田歓一編『回想の南原繁』岩波書店、一九七五（以下、『回想』と略記。）福田歓一編『南原繁書簡集』岩波書店、一九八七

『南原繁著作集』全一〇巻、岩波書店、一九七二、七三（以下、『著作集』と略記。なお南原の論文を本文へ引用する場合は、註記のないかぎり『著作集』による。）

上記の他に、南原の著作の書評などに以下のものがある。

・石原謙「南原繁氏著『国家と宗教』を読む」（『帝国大学新聞』九二九号、昭和一八〈一九四三〉年一月一一日号）

・田中耕太郎「南原繁教授著『国家と宗教』」（『国家学会雑誌』第五七巻第五号、一九四三）

・三谷隆正「南原教授著『国家と宗教』を読む」（『法律時報』一六二号、昭和一八〈一九四三〉年六月号）

・丸山真男「南原繁『フィヒテの政治哲学』を読んで」（『図書』一九五九年六月）

・福田歓一「ドイツ理想主義と現代政治哲学の問題――南原繁著『フィヒテの政治哲学』を読む――」（『国家学会雑誌』第七三巻第五号、一九六〇）

・福田歓一「南原繁先生の学的生涯」（同編『政治思想における西欧と日本』下、東京大学出版会、一九六一）

・岩本三夫『我が望――少年南原繁』（山口書店、一九八五）

丸山も福田も、南原の著作を原型の成立順序に従って「解説」し、南原の時代批判の意味を

強調している。しかし、『国家と宗教』と『フィヒテの政治哲学』の各論文を一本線に並べるという視点はみられない。

（5）三谷太一郎「解説――南原繁百歳」（『回顧録』所収）

加藤節「南原政治哲学における『学的世界観』の構造――『価値並行論』を中心とする予備的考察――」（『思想』七八二号、一九八九年七月）

（6）三谷、前掲論文、五一六頁。

（7）加藤、前掲論文、三二頁。

（8）三谷、前掲論文、四九六頁。

（9）加藤、前掲論文、四四～四五頁。

（10）福田歓一「解説」（『著作集』第一巻）三八七～三八八頁。

（11）加藤、前掲論文、三五頁。

（12）南原繁『政治哲学序説』（『著作集』第五巻、岩波書店、一九七三）四四頁。

この著書は著作集の第五巻としてまず刊行され、一九八八年に岩波書店から単行本として出版された。

（13）三谷太一郎「南原先生とその時代」（『回想』所収）三五八～三五九頁。

第一章　「個人主義」から「共同体主義」へ

第一節　個人主義的世界観の限界

一九二一（大正一〇）年、南原は内務省を辞し、東京帝国大学法学部に戻った。これは、南原繁みずからが中心になって作成した「大正九年内務省労働組合法案」[1]が「日の目を見なかった」ことをきっかけとしているが、後年、その動機を次のように回想している。

「いつごろからだったか、私はこの労働問題・社会問題を扱うということは、こんな立法問題ではないということを感じるようになっていた。……つきつめていえば、本当に打ちこんで、一体マルクスというものをこれからどうしたらいいかという問題が私にはあった。むしろその根底には哲学的な一つの世界観としてマルクスがどこまで正しいか、どこまでつづくものか、それを確かめたいという命題が私の脳裡につきまとっていたといっていいでしょう。……新しい学問をし直さなければいかん、こんなこっちゃ駄目だと思ったわけです。それも、マルクスの出てきた本格的な精神的・知的基盤、いってみれば、ドイツ理想主義・ヘーゲル・カントに遡って、それを見極めたいと、おこがましくも考えて、私は大学に帰ることを思いたった[2]。」

労働問題・社会問題をその根底にある世界観の問題としてとらえる南原にあって、マルクスの思想的源流を見極めることが、大学における最初の課題であった。この学問的課題の回答を示したのが、カント研究を経たのちに書かれた、「政治原理としての自由主義の考察」(一九二八)である。そこで南原は、労働問題・社会問題を基礎づけることができない現状を支配する世界観を、「個人主義的世界観」として示したのである。

南原は自由主義を「何人もこの門より入るのでなければ、現代政治とその帰趨を論じ得ない」というほど、時代の「内的生活に深く根を下ろした精神」であり、この「自由主義が自由主義であるのは、その根本においてなお個人主義的世界観に立つから」であるととらえる。そして、自由主義、個人主義的世界観の「意義と限界はひとえに」、その「根拠とする個人の『人格』概念」にあるという。

「合理的な個人主義の主張に従えば、人間は自己みずからの裡にその独立性と自己決定性を有し、他の何者にも自己存立の本質を負うところはない。これは必ずしも……それぞれ利害と意欲を異にする自然的、経験的個人を指すのでなく、むしろ人間性における普遍的要素――それが何であるかは別として――を摘出し、もって万人に共通な人間の観念を意味する。ひとしく人間性の完成にまで呼ばれている抽象的な個人、合法則的な人間の観念である。しかし、人格の具体的固有性を有する道徳的個性でなく、ただ道徳的人格にまで可能な普遍的本質の擬人化である。(3)」

人間が「自己みずからの裡」にその存立根拠をおくというのが、個人主義的世界観の「人格」概念である。南原は、この「人格」を示すに当って、三つの「人格」観を提示している。つまり「自然的、経験的個人」、「抽象的なる個人」、そして「道徳的個性」である。個人主義的世界観の意義は「自然的、経験的個人」と区別された「抽象的なる個人」を示したところにある。つまり「人間性における普遍的要素」の形式を見いだしたのである。しかし、この普遍的要素が「何であるか」は示されない。個人主義的世界観の限界もここにある。南原によれば、「個人主義はこの形式の問題を実体にまで推し及ぼし、思惟の形式のみならず、その内容にまで自己の自由の創造を主張」し、「純粋に形式的道徳の自由を、道徳的内容の問題と混同し、内容的判断は一切挙げて各個人の自由に委ねる」という限界を持つ。これに対して、「形式」と「内容」とを峻別して、その具体的「内容」の普遍性を示し得る「人格」概念が、南原においては「道徳的個性」である。南原がこの「個性」をどのように把握していたかを述べる前に、個人主義的世界観における「人格」概念が導きだす問題点を、どうとらえていたか示しておきたい。

「自由主義の文化的意義と効果のかくも重大なのにかかわらず、その難点は依然として人間の自己完結的・自我満足的な個人主義の精神にあるのを認めなければならぬ。……人間が自己自身の理智によって宇宙と実在の知見に透徹し得るとすれば、宗教それ自身に帰すべき余地はなくなり、少なくともその宗教論はなお深奥に徹しない『教養の宗教』に過ぎないであろう。また一般に道徳が心理的衝動に根拠し、経験的幸福を目的とし、少なくともそれを必然に随伴することを要求するにおいては、一者の他者に対する関係、人間相互の結合はいまだ真の内面的結合となすに足らぬであろう。さらに、われわれの主題とする政治的原理としての自由主義は個人の価値と権利を形成するのに急であって、国家は一つの道具・機構としてのみ観られ、政治的共同体それ自身の客観的意義と秩序原理は立てられぬのである。[4]」

個人主義的世界観においては、「人間理智」によって神の存在あるいは霊魂の不滅が合理的に把握されることによって、宗教はその非合理的本質を失い、否定される傾向を持つ。また、人間が「自己完結的」に独立平等であることは、人と人との間の内面的紐帯を欠くことを意味する。そして、政治的共同体たる国家も、「必要的禍悪」であるかぎり、それ自身の価値根拠を持たないのである。また、この人間観は国際政治の場においては「国民国家」を基礎づけ得ない。南原によれば次のように説明される。

「人間が人間としての平等観からは、国家における公民としての平等の主張と同じように、国際の関係においては世界民としての平等が要求せらるべく、個人と普遍的世界国家の中間組織として、特に民族個性にもとづいて、もろもろの国家社会を形成すべき論理上の根拠を有しないであろう(5)。」

「現代は意識的であると否とを問わず、何等かの形において個人を超越するところの『社会』或いは『共同体』を求めつつある」と言えるほど、「社会」の噴出状況はすさまじいものであった。この噴出状況のなかで、南原は労働組合法案の作成にかかわり、それをきっかけに、学問の道へと転身したのであった。そのきっかけであったマルクス主義について、この論文では次のように触れている。

「ここに注意すべきは、マルクス主義が科学的必然性において主張する共産主義は、政治哲学的考察からすれば、なお個人主義的世界観の変形にほかならないことである。……殊に『すべての根底の根底』とせられる唯物史観が、果してよく前にかかげた自由主義の基礎哲学の充たし得なかったところの、宗教および道徳の欠缺を補い得るであろうか(6)。」

ここで南原は、マルクス主義の示す世界観は、自由主義の基盤とする個人主義的世界観の「変形」であると断じている。ということは、南原のいう個人主義的世界観の意義と限界は、同じくこの世界観を基盤とするマルクス主義が「どこまで正しく、どこまでつづ」くのかという問題の回答であった。「社会」或いは「共同体」に世界観的基礎を与えること、つまり「共同体」を基礎づけ得ない個人主義的世界観に対して、「道徳的個性」の人間観に関連して新たに「共同体主義的世界観」を構築していくこと、これが南原の学問的課題であった。

ではは南原において、「道徳的個性」の人間観はどのように導かれるか。「個性」は次のように表現される。

「ここに人格的個性というのは自然的個有性を指すのではない。後者は単に経験的な個人としてもつ自然的性質に過ぎない。しかるに、道徳的個性は、各人がそれぞれ所与の自然的個有性をもって、道徳的人格を可能ならしめる当為において認められるのである。自然の所与としての個性に価値があるのでなくして、その所与をとおして道徳的価値を実現せしめるところに、人格の個性が発見せられるのである。(7)」

「人格の個性」が認められるためには、「自然の所与」に対して「価値」が立てられていなければならない。そしてその前提とされた価値――ここでは道徳的価値――を実現するなかに「個性」を認めるのである。この価値の普遍性を求めることが、南原の課題である。そして、個人主義的世界観の限界もひとえに、この価値内容を各人の自由に委ねたことにあった。

南原において内容の普遍性を求める契機となるのは「他の理性的者」たる「他者」の概念である。この他者の概念を用いることによって、「共同体」の世界観的基礎づけ、「共同体」それ自体の価値の定立を展開したのが、「フィヒテ政治理論の哲学的基礎」（一九三〇、三一）である。南原はフィヒテを、「近世文化意識」を「成就」したカントの批判哲学に「最も多く忠実に根拠しながら」も、カントの後に残された問題の解決へ向かったと位置づけている[8]。そして、フィヒテにおける前期の「自我の哲学」から後期の「絶対の哲学」へ発展する過程に意義を見出す南原は、この論文において、「自己みずからの裡にその独立性と自己決定性を有し、他の何者にも自己存立の根拠を負うところはない」人間観から、自己存立の根拠を「他者」におかざるをえない人間観を導きだす。

「人間はもはや理性の権化として自ら完全な実在でなくして、他者の要請によって自己は発見せられるのであり、かような自他の交互関係において初めて理性はその活動と実現を見るのである。以前には単に多個の並存による数学的社会関係が論理的に思惟されたのに、いまや一者の他者に対する依存によって相互のあいだに動的活動関係として社会共同体概念の成立の可能性がある。それは人間の理性的性格と精神的創造が常に彼と同様な他の理性的者の協働によって初めて実現されることを意味し、この一者の他者に対する関係は無限の系列において連なり、ついには絶対他者、無始な絶対的精神としての神の観念にさえ導かれる。[9]」

自己存立の根拠を、「自己の裡」から「他者」へおくことは、究極においては「絶対的精神としての神」におくことを導く。このことは一者と他者の結合による「社会共同体」の成立は、その系列において「神」を求めるということであり、「共同体」と「神」とは、自己存立の根拠という視点からは、同次元において扱われる可能性をもつということになる。

「かの一七九六年の『自然法の基礎』において『他者』の概念が立てられ、それは遂には『絶対他者』としての神にまで導き得るものであることは前に指摘しておいたが、後期知識学の発展において、ついに国民国家がこの絶対他者としてさえ形成されるに至ったものとも解し得るであろう。[10]」

この論結は、「神の国の政治的組織化」として批判される。では、南原は「共同体」と「神」、別のことばで言えば「政治的価値」と「宗教」とをどのような関係として認識しようとしているのか。

「フィヒテ知識学の最後の帰結にかえりみて、宗教的『神の国』が合理的な政治国家に変形せられ、宗教の純粋の非合理的特質が失われてゆくことを問題として、フィヒテの哲学が一つの思弁的形而上学の途をたどるものであることを述べたのである。ここに、われわれのつとむべきことは、宗教の非合理的特質をできるだけ、その純粋性において回復し、同時に政治それみずからの価値的基礎を闡明することである。[11]」

一方で、自己にとっての「他者」たる「共同体」の価値を定め、もう一方で、「絶対他者」たる「神」をめぐる宗教の本質の「純粋性」を「回復」することにより、両者の峻別と関係を定めることが強調されている。これが個人主義的世界観から共同体主義的世界観へという学問的課題の具体的内容であった。

第二節　「政治的価値」と宗教の二重性

では、南原の考える「政治的価値」或いは「共同体そのものの価値」とはどのようなものか。「従来、絶対価値として認容せられてきたものに真・善・美があり、これらはおのおの論理的価値・道徳的価値・審美的価値を表す」が、南原はこれらによって包摂しきれないものとして政治的価値を打ち立てる。[12] 道徳的価値に含まれるようでいて、含まれないものはなにか。道徳的価値から政治的価値を「抽き出し」、その「派生価値」として考える「通常」の立場に反対して言う。

「私はこの両者の間には根本的に相違があると思うのである。道徳は人格価値の問題であり、かようなものとして道徳価値は人格の徳論としての原理である。しかるに、政治的価値は人類の社会関係における正義の問題であり、それは国家社会の原理である。あるいは、仮りに同じく『正義』の概念をもって呼ぶとするも、道徳上の正義は人格の主観的意味においてであり、政治は社会の客観的正義の問題である。例えば、国家的政治生活を営むわれわれについて考えるときに、その行動と意志とは何らかの社会的客観によって規定されている。そこには個人の道徳的人格価値の原質としては認め得ないところの或るものが、社会共同生活関係それ自体のうちにある。[13]」

そして、道徳義務が社会内容を含むとしても、それは「どこまでも各々の人格の価値」が問題であり、「各人がみずから果たしてその義務を義務として行為したか」が問われる。また、「社会倫理」の観念も、「個人が他の個人または国家社会に対する道徳義務の問題であり、いまだ社会共同体の関係それ自体を問題とするものではない」と退ける。「自由主義的個人主義の世界観と思惟方法に慣らされた人びと」は、様々な方法にて「社会的共同善または公共善」を考えようとするが、それは「要するに個人の人格価値が究極の原理であり、国家社会はひとえに個人の完成のための条件」であり、政治社会は「従属的・手段的価値」をもつのみで、それ自身、究極において「人格と相容れない或る禍悪」として認められていると批判する。南原において「共同体」は、「必要な禍悪」或いは「道徳価値のための共同体」ではなく、固有の価値を有するものでなければならない[14]。

次に理論的価値との関係はどのように述べられるか。

「根本において理論的思惟の世界とは遠くかけ離れている社会共同生活の関係自体に、われわれは政治の特有様式と価値領域を認めるのである。それはもともと、非理論的な文化質容を内包する。例えば、何が故に国家的政治生活が形成され、その自己保存が必要とされるか、一般に政治的権力が維持されねばならぬかは、それ自体理論的思惟を超越する問題である。『政治は力である』という命題は、『力』という語が多義であるがために、必ずしも的確とは称しえないが、それだけ理知性を超越する或るものを含意する限り、政治の特質を言い表わして近いものがある[15]。」

この「非理論的な政治生活」が「いやしくも人間の意志と活動の場である」ことに根拠して、「政治について目的を立て、組織をつくり、方策を考え」る意味があり、「本来非合理的な性質を有する政治生活について、合理的な政治理論が形成されねばならぬ理由」があるのである。逆に、

「主知論的立場においては、社会的な政治価値をその固有性において理解することは不可能」であるということになる。なぜなら「真理価値は非社会的な特性を具えるものであり、真理の価値観点からは政治的社会生活は一つの条件的文化財に過ぎない」からである。

政治的価値と論理的価値、道徳的価値とを区別するということは次のような立場を示すことである。

「およそ厳格な主知主義の人びとに対しても、……徹底した自由主義者に対しても、政治生活は究極において真理或いは善なる他の目的のための手段にほかならない。国家・法律は彼らにとっても、その真理の闡明のために、あるいは人格の発展のために、必要物たるには相違ないけれども、それは同じく一箇の『必要的禍悪』としてである。これに反して、われわれは政治社会に本質なるものを認め、道徳的価値または論理的価値とは独立に、固有の価値を立てなければならない。この固有の価値を承認することによって、政治社会はもはや他の目的のための単なる手段・機構でなくして、それ自ら特有の目的理想をもつに至るのである。[16]」

「真理の闡明のための共同体」でも、「人格の発展のための共同体」でもなく、「『共同体』のための共同体」の提唱である。そして、このことはまた「価値並行」論の体系の主張でもあった。

「政治的社会価値を道徳的人格価値および論理的真理価値等と独立して、その自律固有性において承認しようとする以上の主張は、とりも直さず、これら文化の諸価値を相互に並列の関係に置こうとするものである。かの絶対価値として挙げられるものは、真・善・美の三者をもって尽きるとなすことができず、あたかもこれら三者相互の間と同様、新たに得た政治的社会価値の正義を、ともに並列の関係におくことが要求されなければならない。それは、これまで文化の諸価値のうちの一つを頂点にして、他の諸価値を段階的次序に従ってそれに下属せしめるごとき、いわゆる価値の『段階』説とは異なって、『価値並行』論の新たな体系の要求である。」(17)

真・善・美・正義に関する「価値並行」論の体系によって、前節に述べた「個性」の概念が幅広く解釈できることになる。つまり自然の所与に対して、道徳的価値を実現せしむるところに「個性」を見るだけでなく、所与の共同体に対して共同体価値を実現するにおいても「個性」が認められる。その意味では、「個性」的であるのは、共同体においてであり、共同体的価値を実現しようとするところにおいてのみ「個性」的であり得る。

「自我が余人をもって代え難いおのおの『個人的性格』を有するのは、共同体により、共同体に対してのみである。単に経験的な自我は根本において同じものであり、したがって、性格を有しないが、人間は共同体の存在と生命に関与することによって、それぞれ固有の『個人的性格』を受けるのである。[18]」

このような人間観の提示は政治的価値を前提にしてのみ意味をもつ。南原が、真理・道徳・審美と並んで新たに政治的価値をたてたのは、「共同体における個人」が人間の価値の一側面であると同時に、「社会」の噴出状況にある「時代の問題」を解決するにあたって、もっとも重要な側面であることを認識していたからであった。ここに、「個人主義」から「共同体主義」へという学問的課題の一方の柱である政治的価値のもとで、「『個人的性格』を有するのは、共同体により、共同体に対してのみである」という人間観が示されたといえよう。

「共同体主義」へのもう一方の柱は、宗教の本質にかかわる問題である。南原において宗教の本質とは原始キリスト教の特質を意味する。[19]

「キリスト教の本質について、……ここに強調すべき一つのことは、それはどこまでも神と人との間の生ける人格的愛の関係が中核をなしていることである。おのおの異なる個性を具えたもろもろの個人と、生きた人格的唯一の神との間の、愛の結合関係が本質的である。[20]」

この人格的神と人間との関係から、必然的に「神の国」が導かれる。

「神の国は人格的愛の神を中心として、それを通して新たに甦生したもろもろの人格の愛の結合そのものよりほかのものではない。それは単に各個人と神との間の関係のみの問題でなく、同時にかようにして神と結ばれた人間相互の間の共同体の関係である。[21]」

宗教の本質は、「神と人との関係」と「神と結ばれた人間相互の間の共同体の関係」においてみることができ、その特質は「宗教的な愛の非合理性」、つまり「それ自体、人間知性をもっては理解し得ない非合理的な因素」を根底にもっていることにある。これが南原の把握する宗教の本質である。

次に、「共同体主義」への二つの要素である文化価値としての「共同体」と宗教との関係、つまり「宗教は一般に文化並びに文化の価値に対して、いかなる関係をもつのかという問題」について、南原は自分の立場を次のように表明している。

「およそ宗教は、一切の文化の価値を超越し、それ自体、超価値の世界にその境地を有するものである。その意味は、初めから宗教が価値に冷淡または無関心であるのではなくて、かえって、価値と反価値との鋭い対立を前提とし、それ故にこそ、その対立の厳しさに耐えかねて、そこから超脱することが要求されるのである。……宗教が、かように価値を前提としながらも、それ自らは価値を超越するものであるということは、しかし、宗教が一般に文化生活から超脱して、文化の価値の蔑視または否定に導くものではない。宗教が真・善・美などの価値を超越するものなるがゆえに、かえってまた、価値と反価値との対立にも耐え、一切の文化生活を受容し、承認し得るのである。これによって宗教人は、いずれの文化的価値生活のなかにも入りこみ、そのただ中にあって、神と偕にある生活を生き得るばかりでなく、文化人としてのもろもろの生活と活動の力と生命をかえって宗教から導き出すことができるであろう。……このことをもろもろの文化価値の側から考えるときに、文化の価値原理は超経験的な形而上学的本質または実在を仮定しているということである。……人間の価値生活は、学問・芸術・道徳等のいずれにおいても、かような形而上学的確信を根拠としなければやまず、文化の価値は究極において形而上学的実在の問題を予想せざるを得ないのである。これは超越的な宗教が文化価値に対してもつ関係にほかならない。かようにして、認識・審美・道徳の価値生活のいずれの問題も、究極において、宗教的『信仰』の問題となるのである[22]。」

かなり長い引用となったが、宗教と文化の関係について、あくまでも宗教は「文化の価値を超越」したものであるとしている。文化価値である「共同体」においては、所与の共同体に対して「共同体」価値を実現せしめんとするところに人間の意味を見いだした。あるいは善なる道徳的価値を実現しようとするうちに道徳的個性があった。これに対して、「宗教における神と人との結合関係」とは、「価値ある者も、価値なき者も、否、価値反対のものさえも、ひとしく招かれてある新たな愛の関係」である。絶対価値を前提にして、その価値を基準に評価される関係ではなく、価値を超越したところに見られる関係なのである。これは、宗教の文化に対する超越性であり、宗教と文化との分離という消極的関係といえよう。しかし他方で、超越性を持つがゆえに、かえって「一切の文化生活を受容し、承認し得る」という文化への内在性、あるいは宗教と文化との積極的関係を見ている。宗教の内在性とは、文化領域のどこに宗教の非合理性が要請されるか、つまり「価値生活のいずれの問題も、究極において宗教的『信仰』の問題となる」といわれるところの、「究極」とはどこなのかということである。政治的価値と宗教との関係はこの「フィヒテ政治理論の哲学的基礎」の中核をなす論点であった。この点について南原は次のように述べている。

「宗教が具有する個人的要素のほかになお社会共同体的要素は、よりよき正義の問題であり、かようなものとして政治的正義と関連を持たなければならない。宗教が個人的価値生活とのみ関係するものと考え、社会的価値との連関を看過するのは、いまだ宗教の諸要素の全面を汲みつくしたものというをえない。われわれは人類の政治的理想努力の究極においても神の国の顕現を期待し得べく、政治的共同体はそれみずから宗教的神の国に連なる問題として理解され得るであろう。フィヒテがその哲学的生涯の終りに至るまで、宗教と政治との結合を図るがためにささげた努力の学的意味を、ここに汲むことができる。しかし、われわれの立場においては、どこまでも宗教的確信の問題であり、思惟の局限において考えようとするのである。したがって、……一つの創造的・形成的原理として、それから政治理想を抽き出し、神の国の非合理的本質に政治社会的形成を与えるのとは、根本において異なることを注意しなければならない[23]。」

ここで南原は、一方でフィヒテが「その哲学的生涯の終りに至るまで、宗教と政治との結合を図るがためにささげた努力の学的意味」を汲み、他方で「神の国の非合理的本質に政治社会的形成」を与えたととらえている。つまり、政治と宗教との両要素を構成しようとした点を評価し、その関係の在り方を、「神の国の非合理的本質」すなわち宗教の「超越性」の観点から批判しているのである。しかし、宗教の内在性、共同体的価値生活の「究極」はどこなのかという問題については、この論文では具体的には触れられていない。この点については、南原の一九三六年における転回によって深められることになるが、その前に政治的価値の現実化の問題として、その評価基準と時代批判を見ておく必要がある。

第三節　「国民国家」と国家主義批判

個人主義的世界観から共同体主義的世界観へという学問的課題が、政治的価値の定立と宗教の超越性の保持とを二本柱に展開されてきた。ところで、そもそも南原が「共同体主義」を目指したのは、「社会」の噴出状況においてそれらをいかに評価し、意味づけるかが現実的な目的であった。この「共同体」の現実態を位置づけ、具体的な評価基準を提出したのが「フィヒテに於ける国民主義の理論」（一九三四）である。絶対価値としての「共同体」に対して、「『共同体』のための共同体」つまり共同体価値の現実態を、フィヒテの「国民」概念によって考察したのであった。

「共同体」価値の現実態としての「国民」はどのようなものととらえられるのであろうか。南原はフィヒテの「国民の本質」が「自由の自覚に基づく国民の精神的本質」において把握されていることを評価する。

「血縁や地縁による自然状態から自由の精神的教化において民族的自我の自意識的存在が形成されるところに、全人格としての民族の性質が規定されてある。自然状態から精神の理性的形態が整斉せられることにおいて『文化』の意義があるとすれば、以上のごときは国民の文化的性格・文化国民の高揚であり、その文化の性質が深く永遠の生命と結合する点において、それは自由な文化国民の要請である(24)。」

「国民」を「文化的性格」つまり「自然状態」から「理性的形態」へという「文化」の意義にかかわらせることにより、共同体価値の現実態としてとらえている。加えて、人間の「自由」を「その生命が真の神から出でる人は真に自由」であるととらえるところから、「文化の精神が深く永遠の生命と結合する」つまり文化と宗教が結合することで、「自由な文化国民」概念が成立する。別な表現では次のように述べられる。

「国民を統一的全体にまで齎らすものは、決して自然的衝動や物質的利益でなくして、……永遠の神的理性の啓示であって、時間を超えて妥当する絶対実在の真理概念である(25)。」

「国民」を「自由な文化国民」ととらえることにより、宗教的非合理性と結合した共同体価値の現実態として認識するにいたった。諸国民つまり国民相互の関係についても同様に「永遠の生命」を中心にとらえられる。

「一つの国民が他の国民と異にして自然に享有する特有の素質や、その他それぞれの国民のおかれた特殊の運命が国民個性の価値を決定するのではなく、かえって、これらの素質や運命を通して神的永遠性が顕現することにより、意識した独立の行が開始せられるところに、国民の性格は規定せられるのである。ただ、かような神性の顕現が時間的定立の中に顕われるに当って、これらの所与性はおのおのの国民に特殊の態様において条件を形づくるものである。……ここに国民の歴史が新たな光において顧みらるべき重要な問題となって現われる契機がある。[26]」

ここでも、「素質や運命を通して、神的永遠性が顕現すること」が重要な点である。これにより「個性」的な国民が共存することになり、国民の歴史も、この「神的永遠性」と連なることにより意義を持つことになる。

国民は「精神的本質」においてとらえられることにより、文化価値の現実態となったが、この文化国民と政治的国家との関係については次のように規定される。

「人或いは、国民は政治上の統一を失っても、その文化を失うものでなく、したがって、一つの文化国民としての存在を維持し、発展し得ると考えるかも知れない。だが、フィヒテにとって、かような見解ほど皮相且つ浅薄なものはなく、それは政治的独立を奪われた弱小国民への言葉の上の単なる慰藉か、または彼ら自らの描いた自己欺瞞のための空しい幻像に過ぎない。[27]」

ここでは論理的に展開されているとは言い難いが、フィヒテのことばを引くことによって、南原の立場を表明したものといえよう。そして、次のように結論づけられる。

「フィヒテにおける国民概念は何よりも文化的国民に基礎をおくものであることは、われわれの観たごとくである。しかし、そのことは、フィヒテにあって国民観念が『政治的国民』を排斥するものでなくして、かえって文化的国民概念の階梯を経て到達したのは政治的国民の概念であり、彼の国民主義は国民国家を要請することにより、究極の原理的形成を遂げたことは、同じくわれわれの観たごとくである。……フィヒテにおいて国民の概念は、往々人のいうごとき、決して『非政治』的文化概念ではなくして、また『政治的』文化概念であるといわなければならない。……ここに、おのおのの国民が政治的共同体として持つ客観的文化の意義が汲まれ、およそいかなる個人主義思想をも超克して、政治国家それ自体の世界観的基礎づけの可能への道が開かれたものと考えることができる。[28]」

南原は、フィヒテの「国民」概念が「国民国家」を要請したことを評価する。しかし、あくまでフィヒテのなかに「個人主義思想をも超克して、政治国家それ自身の世界観的基礎づけの可能への道」が開かれたこと、「政治的文化概念」としての「国民」の成立を評価しているのであり、その基礎づけがなされたことを認めているわけではない。その基礎づけのあり方は批判されるものであった。この点は南原がフィヒテをその「不変の意義」によって評価していることによる。前節でみたように、政治的価値と宗教との関係において、一方でその関係を模索しつつ、政治的価値それ自身の基礎づけに努力を傾けたことを評価しながら、他方でフィヒテは「思惟の局限」を侵し、宗教的非合理性を政治化したと批判する。つまり、「共同体主義」への二本柱たる政治と宗教の両要素を構成しようとした試みを評価しつつ、その要素の関係の在り方は批判しているということである。

「国民と、したがって個人人格の根底に、それらを超える絶対統一の或るものが思惟せられ、かような超人格的・超国家的理念によって初めて個人人格と国民的国家人格が可能となり、かようにして自由と国家とが同一理念の原理的要求を充たすものとして互いに相関関係におかれたこと、否、かような解釈の可能なることは、フィヒテの不変の意義の存するところである。(29)」

南原の「解釈」によって、フィヒテの「不変の意義」が見られるのである。南原はこの論文も、宗教の文化への内在性の論理を、政治的価値との関連では展開していない。共同体の現実態である「国民国家」の構成原理としては、宗教と政治的価値の関係を、政治的価値に純化することで示している。純化できるということは、共同体の紐帯として宗教の固有性が示されていないということである。宗教は真理認識の問題としてその「個人主義的要素」がみられるのみで、共同体との関係ではその固有性が示されていない。つまり「永遠の生命」あるいは「神的永遠性」といった宗教的概念を「普遍的人類理想」と同格に扱い、絶対価値としての政治的価値と解釈することでフィヒテを評価している。これが「超人格的・超国家的理念」であり、「同一理念」として「自由」と「国家」を貫く絶対価値たる共同体価値であろう。この南原の解釈は、次に述べる国民主義と世界主義との関係においてより明確になる。

南原がここでフィヒテを評価したのは、具体的「共同体」の構成原理として、「国民」を「政治的文化概念」ととらえることにもまさって、その国民主義が世界主義と結びついているという規制原理の側面からであった。

「フィヒテにおいて、国民は単に地上的な結合にとどまらずして、愛国心は永遠の神的愛・それ自ら神的像であり、おのおのの国民国家はいわゆる普遍的世界人類国家の実現への単なる通路または経過点としてでなく、それ自体、神的理念の永遠性のうちに保持されてある。これは普遍的『人類国家』の代表としての個別的『国民国家』の理念であり、フィヒテにおいて国民主義と世界主義との綜合の要請にほかならない。」(30)

つまり、

「国民主義の原理は世界主義的理想を排擠するものでなく、かえって豊かにそれを包摂する。もとより、もはや啓蒙思潮のごとき個人自由主義にもとづく抽象的な世界主義ではなく、そこには新たに国民主義と世界主義との綜合が考えられてある。[31]」

これによって、国際政治の場で個人主義的世界観においては論理的根拠をもたなかった「中間団体」としての「国民」が、その根拠を得たものといえる。ここに国民共同体を評価する規制原理としての一つの価値基準を示したものといえよう。つまり個別的「国民国家」は普遍的「人類国家」の「代表」であることによって根拠を持ち、世界主義は国民主義と結合することによって、抽象性から逃れ具体的に存在することになる。逆に、世界主義に連ならない国民主義は、真の国民主義ではない。個人主義的世界観における抽象的な個人と抽象的な全体。これに対して、共同体価値を立てることは、個人は共同体においてその価値を実現しようとするなかで具体的個性を持つことを意味した。そしてその共同体価値の現実的形態としての「国民国家」も、その共同体価値を実現しようとする中で、つまり普遍的「人類国家」に連なることで意味を持つのである。

では、現実の日本国家は南原の眼にいかに映っていたか。一九二一（大正一〇）年に大学に戻ってから、この「フィヒテに於ける国民主義の理論」が書かれた一九三四（昭和九）年までの十数年の間に、「社会」の噴出という状況から、陸軍による大学への干渉が強まるなど「何とも言えぬ重苦しい空気」が漂う状況へと変わっていた。[32]その現実とは、「あたかも内には満州事変によって急激に我国をおそった国家主義的風潮、その第一のクライマックスとしての国際連盟脱退、外にはドイツにおけるナチの制覇［いずれも昭和八年］という現実」[33]（角括弧内は原執筆者。以下同じ）であり、このような状況に対して書かれたのがこの論文であった。

「自国を他の国民から区別して特に神聖化することにより、その歴史的伝統的な一切の制度文物を無批判に謳歌し、他方に自国内における一切の悪に対しては却って眼を蔽い、絶対の沈黙を守るがごときは、フィヒテにあって決して愛国心の内容ではないのである。彼は他の論文において、かような『暗い憐れな愛国主義』に対して、世界民主義と結合し得るものを『それ自身明晰な愛国主義』となし、それをまた『スパルタ主義』に対する『アッティカ主義』とも称する。[34]」

この「暗い憐れな愛国主義」に対して「それ自身明晰な愛国主義」を対立させ、日本の現実を批判することがこの論文の「超学問的」動機であった。その批判の際の価値基準は「世界民主義と結合し得る」かどうかであった。フィヒテの「愛国主義」は南原の愛国主義でもあった。南原にとって「『共同体』のための共同体」、共同体価値の現実態である祖国日本が、帝国主義化し普遍的人類理想から遠ざかりつつあると見えたとき、世界主義との結合は何としても守らねばならぬ一線であった。この論文の結びである次の言葉は、フィヒテに托した南原の現実批判の思いを語っている。

「フィヒテにおけるこの世界民的普遍主義の要素こそは、彼の哲学を理解するための重要な鍵であると同時に、彼の国民主義をして永遠に光輝あらしめるところのものである。[35]」

註

（1）丸山真男・福田歓一編、前掲『回顧録』、七四〜七九頁。
（2）丸山真男・福田歓一編、同上書、九一〜九二頁。
（3）南原繁「政治原理としての自由主義の考察」（『国家学会雑誌』第四二巻第一〇号、一九二八。「自由主義の批判的考察」と改題されて、同『自由と国家の理念』青林書院、一九五九、所収。『著作集』第三巻）二四頁。
（4）南原、同上論文、四三頁。
（5）南原、同上論文、四〇頁。
（6）南原、同上論文、四五頁。
（7）南原、同上論文、二五頁。

（8）南原のフィヒテ研究は、「その綿密な探求と重厚な立論においてわが国におけるフィヒテ研究の典型と言うべきものである」（隈元忠敬「日本におけるフィヒテ」『ドイツ観念論と日本近代』〈叢書ドイツ観念論との対話第6巻〉、ミネルヴァ書房、一九九四、一四〇〜一四二頁）と評されている。

（9）南原「フィヒテ政治理論の哲学的基礎」（『国家学会雑誌』第四四巻第一一・一二号、第四五巻五・九号、一九三〇、一九三一。同『フィヒテの政治哲学』岩波書店、一九五九。『著作集』第二巻）六二頁。

（10）南原、同上論文、一〇三頁。
なお、『著作集』においては「国民」が「民族」に改められているが、フィヒテの「国民」概念については、以下初出の「フィヒテに於ける国民主義の理論」（杉村章三郎編『筧教授還暦祝賀論文集』有斐閣、一九三四。『著作集』第二巻）の論文題名に準じ「国民」とする。

（11）南原、前掲「フィヒテ政治理論の哲学的基礎」、一三九頁。

（12）序章でも述べたように、「共同体」成立の根拠は、南原の「非合理的部分」あるいは「確信」の部分にある。そして本論も、その「形成」ではなく、「展開」に重点をおくため、ここでは南原の主張を再構成するに留める。

（13）南原、同上論文、一四〇頁。

（14）南原、同上論文、一四一〜一四三頁。

(15) 南原、同上論文、一四四〜一四五頁。
(16) 南原、同上論文、一四六〜一四七頁。
(17) 南原、同上論文、一四七頁。なお政治的価値と審美的価値との関係については「フィヒテに関して論ずる全体の上からは重要でなく、ここに詳説するを要しないであろう」(南原、同上論文、一四七頁)と断っている。
(18) 南原、同上論文、一〇八頁。
(19) 南原は宗教について次のように記している。
「人が宗教――とくにキリスト教――について語る場合には、一般に原始キリスト教と称せられるもの、なかんずくイエス自身の示した純粋福音が、常に唯一の標準として顧みられなければならぬのは自明のことである。」(南原、同上論文、一一八頁)
信仰に関して南原は内村鑑三の弟子であったが、その「無教会主義」との関係についての論文として、澁谷浩「南原繁の個人主義批判」(同『保守政治の論理』北樹出版、一九九四)がある。
(20) 南原、同上論文、一二九頁。
(21) 南原、同上論文、一三一頁。
(22) 南原、同上論文、一五六〜一五八頁。
(23) 南原、同上論文、一六二〜一六三頁。
(24) 南原、前掲「フィヒテに於ける国民主義の理論」、三五九頁。

(25) 南原、同上論文、三六三頁。
(26) 南原、同上論文、三六一～三六二頁。
(27) 南原、同上論文、三八〇頁。
(28) 南原、同上論文、四一一～四一二頁。
(29) 南原、同上論文、四一七頁。
(30) 南原、同上論文、三九九頁。
(31) 南原、同上論文、三九二頁。
(32) 南原の論文に関連して、この間の時代状況の変化について述べたものに、福田歓一「解説」(『著作集』第一巻、四〇四～四〇六頁)があるが、南原『国家と宗教』の解説としてであり、南原のフィヒテ論との関係は示されていないという限界がある。
(33) 丸山、前掲「南原繁『フィヒテの政治哲学』を読んで」、二二二頁。
(34) 南原、前掲「フィヒテに於ける国民主義の理論」、三八八頁。
(35) 南原、同上論文、四一九頁。

第二章　南原「共同体」論の展開

第一節　一九三六年における転回

一九四八（昭和二三）年に出版された『歌集形相』は、一九三六（昭和一一）年から一九四五（昭和二〇）年までの歌を編んだ南原繁の「生の記録」であり、「魂の告白」であった。

「それがいかに苦悩と暗黒に覆われていようとも、それを通して一筋の道を求めての努力精進であった。それはまたこの十年間、世界人類の――そしてわが民族も、識らずして同じく辿り来った運命でもあるのである。それは実在の単なる仮象ではなく、アリストテレス謂うところの、永遠的なるものの『形相』［エイドス］としての生の現実態に外ならぬ。(1)」

「あとがき」でこのように十年間を振り返り、その「運命」を「永遠的なるもの」の「現実態」として意味づけている。その意味を知るには、南原が、この十年を一区切りにする理由を知ることから始めねばならない。

一九三六年には「明暗」として、次のような歌がおさめられている。

「あまつさへものを思ひてあり経つる十年といふもあはれなるかな(2)」

「うたがはず十年過ぎ来ていまのわれに懺悔のこころ湧くといはむか(3)」

この「十年」は南原が大学に戻ってからのことを指しているのだろう。ここには、その十年の間に学問人として行なってきた営みがすべて否定されたかのような趣さえある。「個人主義」から「共同体主義」へという学問的課題に取り組むなかで、「国民国家」を共同体価値の現実態としてとらえ、「暗い憐れな愛国主義」に対して「それ自身明晰な愛国主義」を示すことによって、「祖国愛」に生きてきた南原。一九三六年、祖国が実際の運動においても学問の上でも、ある決定的な方向に進みはじめたことを南原は感じ取ったのである。その方向とは、自身が批判してきた「暗い憐れな愛国主義」のそれにほかならなかった。

「苦悩と暗黒」を通しての「一筋の道」は、『国家学会雑誌』一九三六年九月号に発表された「プラトーン復興と現代国家哲学の問題」に始まる。ここで南原は、ギリシャにおけるソフィストの精神を「個人主義的相対精神」ととらえ、「近代精神」とはそのソフィストの精神を近代科学の地盤と方法のうえに、より正確に組織的に形成されたものと把握することによって、ギリシャ国家と近代国家との「本質的契合点」をその精神的特質に見出す。第一章で見た個人主義的世界観の持つ精神と同様の特質である。この精神が導きだすのは「普遍からの分裂」であり、「全体からの個の分離」である。[4] ギリシャにおいて、この「時代の精神」を批判しようとしたのがプラトンであった。

「もって失われた何らかの意味においての普遍を回復し、人間生活に客観的な基準を与えるとともに、国家を自然的機械観から免れて真に国民を結合する全体的共同体として理解しようとする。……プラトンが、人間の堕落と祖国の頽廃しゆく運命に抗して、人間と国家生活に客観的基礎と新しい理念を与えようとしたのも、こうした事情と動機に基づくのであった。[5]」

南原も、「祖国の頽廃しゆく運命に抗して」ここにプラトンを評価しようと試みる。しかし、同時代のシュテファン・ゲオルゲを中心とした一派によるプラトン復興の世界観は、「本源的な生の統一、世界の原始像としての文化の全体的統一、神話的世界観への復帰」であるととらえ、「あまりに主知主義的或いは実証論的傾向に偏した現代にあって、純粋の論理機構的な世界と国家の観察にとって、その省みるべき意義」はあるとしながら、次のように批判する。[6]

「かような世界観はいかにそれが神秘的な光と生命とに充ちているとはいえ、人類文化の理想——現代がそれに向って進むべき標的ではないであろう。また、近代国家が多くの欠陥と誤謬を内包するとはいえ、以上のような国家観をもってこれに代えることは不可能であるのみならず、そのこと自体大なる危険を包蔵するものである。それが現代文化と国家に対する批判としての消極的意義について省みるべきものがあるにしても、積極的意義においては反立と混淆のほかにはないのである。この意味において、現代に叫ばれる国家の『危機』なるものは、現代国家自らの裡にあるというよりも、むしろこのような文化と国家観の提唱自体においてあると考えられる。およそかくのごとき時代の動揺は現代文化の意義と発展に対する懐疑的態度に基づくものと言わなければならない。否、彼らはこれによって、宗教および国家を含めて文化そのものに対する根本的抗議と、そして『価値の転倒』を希うのである。[7]」

南原のプラトン論の展開は第二節以降で述べることとし、ここでは一九三六年を境に新たな問題意識が浮上していることを確認しておきたい。ゲオルゲ派のプラトン復興は「近代国家」の持つ「欠陥と誤謬」、つまり普遍からの分裂に対する批判としては「消極的」ながら意義を持つ。この点は、南原が、「社会」の噴出状況を基礎づけ得ない個人主義的世界観の限界を指摘したのと同様の意義を持つ。しかし、問題は「普遍の回復」の方法にある。南原は、「個人主義」の限界を示しながらもその意義のうえに「共同体主義」を発展させることを自身の課題としていた。

これに対し、ここにおける新プラトン像は「現代文化の意義と発展に対する懐疑的態度」をもって問題の解決に向かっているると見ている。つまり、南原は新プラトン像の「提唱自体」の中に新たな問題の発生を見ているのである。一九三六年以後、南原は、二重の問題意識を持つことになった。「個人主義」そのものの持つ問題と、「個人主義」への批判の「提唱自体」が持つ問題である。一九三四年の「フィヒテに於ける国民主義の理論」も国家主義批判という点では、国家観の「提唱自体」の問題を扱っていると言える。しかし、その相違点は、南原が「決定的な方向」に進んだと感じているか否かである。一九三四年においては、国家主義に対して「世界民主義」に連なることを主張することで、批判たり得た。少なくとも南原は、祖国が世界民主義とつながる方向に進む可能性あるいは希望が残っていると認識していたからである。しかし、一九三六年のある時点から、「十年」を否定されたと感じたときから、その望みを失っている。なぜなら、時代がある方向に進むのを感じ取ったからこそ、その方向に内在する問題、新しい国家観の「提唱自体」を批判しなければならなくなったのである。「近代国家」の持つ問題とそれに対する解決方法に内在する問題、この二重の問題意識をもって、南原は学問人として、「一筋の道」に取り組むことになる。

一九三六年以前の「個人主義」から「共同体主義」へという課題は、政治的価値の定立と宗教の超越性の保持という二本柱によって展開されてきた。それは、個人主義的世界観の「人格」概念が自己の存立根拠を「自己自らの裡に持つ」ことから導かれる国家概念の貧困と宗教否定の傾向という問題に対応するものであった。この問題に対する批判としては、南原と新プラトン像は同一線上にあるといえる。政治的価値と宗教とを問題にする点は評価できるが、その問題解決の方法については、承服できないというのが、「転回」以降の南原の問題意識である。これは南原のフィヒテ評価と重なる。つまり、「自我の哲学」に出発したフィヒテが、一方で政治と宗教の両要素を構成しようとした試みを評価しつつ、他方でその要素の関係のあり方を批判してきた点である。新プラトン像も両要素を構成しようとした点は評価されるが、その関係のあり方は南原によって批判される。しかし、一九三六年以前の南原は、この「関係のあり方」については、宗教の超越性の視点から批判してきたに過ぎない。フィヒテ論における到達地点を確認しておきたい。

宗教の本質は、個人と神との愛の関係であるとともに、愛によって神と結ばれた人間相互の間の共同体の関係、つまり個人的要素と社会共同体的要素とによって構成されていた。また、宗教の文化に対する関係はその「超越性」と「内在性」にあると把握されていた。この宗教の文化に対する関係において、文化の側からの宗教の位置づけ、つまり文化のなかに宗教が内在せざるをえない理由を南原が論理的に展開していたのは、具体的には、宗教の個人的要素の側面に限られていた。社会共同体的要素における文化の側からの宗教の必要性は、フィヒテの「努力の学的意味」を汲むのみで、南原がフィヒテを可能性において「解釈」し、論理的には展開していなかったといえる。

この限界は、前期の「共同体」論にどのような性格を与えていたのか。それは「フィヒテに於ける国民主義の理論」のなかで、フィヒテの宗教と政治的価値との結合を、政治的価値に純化することによって論を展開するところにみられる。個人と国家を「同一理念」でつなぐ共同体価値、つまり「共同体における個人」という人間観がその中心に据えられていた。そこでは、宗教を「超越性」からのみとらえるがゆえに、政治的価値実現の過程の中で、「究極」において宗教を要請するという側面は後退していた。このことは、具体的「共同体」の規制原理としては、「普遍的人類理想」に連なるかどうかという基準を示しえたが、その構成原理においては、共同体の紐帯として宗教の固有性が示されないという限界をもたらしていた。このことは、一九三六年以前の問題意識が、「個人主義」から「共同体主義」へというものであり、「国家と宗教」そのものでなかったことを反映している。具体的には、この「個人主義」の「人格」概念に対する、政治的価値の定立と宗教の超越性保持という「共同体主義」への構想から、政治的価値と宗教の内在性との正当な関係を志向する「国家と宗教」論へと論点を移行することになる。そして、それは宗教の社会共同体的要素の積極的評価によって行われる。

南原は「プラトーン復興と現代国家哲学の問題」（一九三六）とともに、後の『国家と宗教』（一九四二）の第一・二章を構成することになる「基督教の『神の国』とプラトンの国家理念」（一九三七）の中で、宗教の「両面性」を次のように示す。

「キリスト教の理念が、……一方には絶対的な『個人主義』を、同時に他方に絶対的な『普遍主義』を要請したこと、このキリスト教倫理の『両面性』はすこぶる重要な意義を示唆するものと思われる。この二者は宗教の理念においては――しかり、宗教的『神の国』の理念においてこそ――一つに綜合されるが、われわれの学問的思惟において、社会的原理としては、おのおの固有の原理として発展せらるべく、互いに他によって要請され、制約されるべき二つの観点である。すなわち、前者は個人人格の価値にかかわり、後者は社会共同体の価値にかかわる原理である。(8)」

キリスト教の理念を「絶対の『個人主義』」と「絶対の『普遍主義』」との「両面性」においてとらえ、「学問的思惟において、社会的原理としては」明確に区別することを述べている。これにより「個人主義」から「共同体主義」への連続的発展の構想は後退し、「絶対の『普遍主義』」、つまり「社会共同体の価値にかかわる原理」に限定して、学問的思惟を行なうことで、「国家と宗教」の問題に取り組むことになる。「個人主義」に対するアンチ・テーゼとして「新プラトン像」が、ジン・テーゼとして南原「共同体」論が位置づけられることになる。このアンチ・テーゼとジン・テーゼとの関係が「国家と宗教」の問題として展開されたのである。

キリスト教理念を「個人主義」ととらえてきたところの意味とその限界については次のように述べる。

「原始キリスト教の意義は、宗教をかような権威への信仰から解放して、何よりも人間個人の良心の問題としたことにある。おのおのの個人が何らの媒介者をも経ることなく、直接、神の前において負うべき責任が基礎であり、これを半面から見るとき信仰の自由が存立するのである。ここに、わが国をはじめ近世諸国の憲法組織において、政治と宗教との分離が前提とせられ、信仰の自由が尊重されてあることは、当然といわなければならぬ。……宗教と政治との結合の上に立つ神政政治思想とは反対に、宗教と国家の分離という、かようなむしろ消極的な関係こそは、キリスト教がもたらした文化的意義として重要な真理である。そうして、そのことはひとりキリスト教についてのみでなく、およそ宗教が真に人間霊魂の救済たることを要求するかぎり、必ずや容認されなければならぬ真理である(9)。」

「信仰の自由」、「宗教と国家の分離」はキリスト教の「絶対の『個人主義』」の意義であり、神政政治批判の一つの在り方である。しかし、南原は「絶対の『普遍主義』」の視点から次のように批判する。

「宗教をもっぱら個人人格と自由の問題としてのみ考えて来たのは自由主義の遺物であり、根本において個人主義の倫理観から出るものではない。だが、神の国はどこまでも『国』である。それは個性的人格と矛盾するものであってはならないが、しかも個々人とその単なる交互関係の理論によっては説明し尽せない社会共同体の関係自体の問題が含まれているはずである。[10]」

ここに、「絶対の『個人主義』」に基づく宗教と政治との「分離」という「消極的関係」に対して、キリスト教理念の「絶対の『普遍主義』」に基づく「積極的関係」が示される。このキリスト教理念の両面性のうち「絶対の『普遍主義』」つまり「神の国はどこまでも『国』である」という側面を評価することで、「究極」において共同体価値がどこに宗教を必要とするのかを示し、具体的「共同体」の構成原理として、宗教の内在性と共同体の問題を解こうと試みたのである。そこで南原が対象としたのは、プラトンの理想国家とキリスト教の神の国との関係である。プラトン国家論が生まれる思想的背景と南原と同時代の背景をともに個人主義的相対精神にみていることは前に見た。その「時代の問題」に対し、プラトンが国家の世界観的基礎づけを行なったとして、南原はプラトンを「国家哲学の創始者」と位置づける。そのプラトン国家論をもってしてもキリスト教の神の国を要請せざるをえなかったところに、合理主義的な精神に貫かれた国家が、非合理的な宗教的神の国を導いた必然性を見出すのである。「キリスト教の発生」を「精神の発展の内面的必然性の関連」においてのみその「本質を把握せしめる」というのが南原の立場である。「自我の哲学」に出発したフィヒテが政治と宗教の両要素を構成しようとしたことを評価し、その要素の関係は「神の国の政治的組織化」として批判した。この両要素の原理的な関係をプラトン理想国家と原始キリスト教の間に見るのである。「プラトンその人すらもまだ識らなかった新しい世界、『神の国とその義』によって、常に支えられ、導かれるところ」の原始キリスト教が成立する精神的過程を見ることにより、共同体と宗教の内在性との関係の原理的な形を示すことを試みる。

第二節 「プラトン」と神政政治批判

南原はプラトンの理想国家を次のようにとらえている。

「一面においては、……ギリシャ伝統の国民国家観の形而上学的構成であり、国家を生の全体的な共同体、本源的な統一体とする思想であって、けだし、古代国家哲学の古典的原型と言うことができる。彼はこれによって、当時ギリシャ国民文化と都市的国家生活との衰滅のときに当って、国民にふたたび建国の理想を示し、新たな文化創造のために呼びかけたのであった。しかし、注意すべきは、もはや単なる伝統的国家観への復帰でもなければ、その形而上学的基礎づけでもない。他面、はるかにギリシャ国民国家を超出し、次いで来たる新しい時代の理念――キリスト教の『神の国』を予示するものがある。それはあたかも、彼の哲学が人間と世界との全体の像を形づくる精神として、人間の全的転回と世界の創造を企図し、広大なる精神の王国の建設に向ったことの帰結であった。[11]」

ここではプラトンの理想国家の二つの側面が示されている。一つは典型的な「ギリシャ伝統の国民国家観の形而上学的構成」という側面であり、他の一つは「ギリシャ国民国家を超出」し、「キリスト教の神の国を予示」するという側面である。南原はこの二つの側面をどのように理解しているのであろうか。古代世界の典型例としてのプラトン国家論は、次のように批判的にとらえられる。

「ギリシャ国民国家の復興のためとともに、あまねく人類の救済のために構想された理想国家が、畢竟、一種の精神的貴族主義たる所以は、哲学者である政治家が全構造の頂点に立って宇宙と一般人間との間の媒介の任に当り、人間のうちこの一者のみがイデアの世界に参じ、その秘義について知っていると主張するからである。ここにプラトン自身の神秘主義が存し、エクスターゼは彼の哲学の最後の隠れ場である。この哲人的支配者のみが神と静かに交わり、善と聖なる理念について認識し、そのことによって国民から判然と自らを区別する。その他の人びとは多衆凡俗の人民として、ただこの神的支配者を畏敬し、その命ずるところに服従することを要求せられる。人びとは自らが知り、自らが体験することでなくして、支配者の権威の定めた信条を遵守すれば足りるのである。これがプラトンにおける『神政政治』の思想であって、……われわれはここに一般に古代世界に共通な政治形態の形而上学化、その最も深化された理念を見るのである。そこでは政治的社会の価値が前面に現われ、宗教も国家のうちに包摂され、科学も芸術も一切が国家生活の裡に吸収され、厳格な全体的統制のもとに置かれる。[12]」

南原はプラトン国家論の「内容」つまり哲人政治の理想政治を、「一種の精神的貴族主義」ととらえる。そこでは哲人的支配者の権威による政治的価値が唯一の絶対価値であり、科学も芸術も宗教もこれに従ってのみ存在し得るのである。また、このように古代世界の典型例として受けとめると同時に、その神政政治思想は中世、近世、そして現代における宗教復興の風潮のなかで、その範型として繰り返されていると把握する。たとえばトマスに代表される中世神政政治思想は、ローマ法王の教会政治との対比において、ヘーゲルに代表される近世国家思想は、その「世界史的偉人」が国家の精神を表現することにおいて、ともに「精神的貴族主義」の特質を見出している。ゲオルゲ派の新プラトン像にも同様の思想を見ているといえよう。[13] この神政政治の典型としてのプラトン理想国家に対して、もう一つのプラトンの側面は次のように評価される。

「『国家論』の価値は、ただに滅びゆく古代国家の衰運の挽回の目的にあったのではなく、実に人類久遠の救済と世界の新創造との業の上にあると考えられる。正義と愛の精神によって結ばれる天的な宗教的共同体こそ、権力と名誉とのあらゆる地的の力によって築かれる国家の鞏固にも優って、真に永久平和の国でなければならない。彼はソクラテスをして語らしめる、『天上にはおそらく、これを見ようと欲する者、また見たところに従って自分を作り上げようと欲する者にとって、典型が保存されてある……』と。すなわち知る、彼はいずこの地においてもその構想した理想国家の実現を期待したのでなく、かえって、天の彼方に完全国家の実現を指示したものと解することができる。

キリストの降誕紀元前四百年、来たるべき『神の国』とその『正義』を予示したものはプラトンであったと言えよう。人類歴史を人間精神の必然的発展の過程として見ようとする問題史的考察において、彼にはまさにキリストに先だつ予言者ヨハネの位置が許さるべきである。(14)」

ここで南原は、プラトン「国家論」の内容ではなく、その構想した理想国家が、「天の彼方」での実現を指示したという、二元的な世界観という「形式」にプラトンの価値を認める。そしてこの二元的な世界観という前提のもとで、その二元性の克服、理想国家実現への努力がいかに行なわれるかというところに、プラトン理想国家とキリスト教神の国との相違を見出すのである。

プラトン国家論は、その二元克服への努力において、「偉大な国王」たる「哲人的支配者」を中心とした精神的貴族主義という限界を顕にする。これに対して、福音的平民主義として「一般民衆」の心をつかんだものとして、キリスト教神の国が導かれる。

「キリスト教においては、神と人間とのあいだには神の子キリスト自身のほかには、いかなる哲人・聖王の名においてなりとも、何らの媒介者をも必要とせず、またそれは許されない。すべての人間が信仰によって絶対的な神を中心として結合する愛の共同体が神の国である。それはいわゆる政治的な支配ではなくして、純粋に宗教的内面的のことである。……かくのごときは、プラトンの国家が仮相の世界からイデアの世界への上昇としての形而上学的原理に依拠しているのに対して、イエスの神の国は純粋に福音の『信仰』に根拠しているからである。」(15)

「形而上学的原理」に依拠する上昇と、「信仰」に根拠することとの違いは何を意味するか。これは精神的貴族主義と福音的平民主義との違いである。理想の共同体実現への努力のなかに共同体の紐帯があり、それを表現するのに同じく「愛」の言葉を使うにしても、プラトンにおける「エロス」の概念と、キリスト教における「アガペー」の違いとして示される。

「エロスは、……生ける美と善なる生活に向う精神の力である。かようなものとして、それは善きもの・美しきもの・真なるものを求めて、あらゆる悩みと闘いを通して、ついにイデアの世界へ上昇し、そこに真善美を享受する発条であった。それは要するに、人間の自己実現・自己完成のために客観的対象に立ち向う精神である。ここでは、自我でない他者は、すべて主体である自我の単なる客体として把握されるにすぎない。そのことは、たとい聖なる神に対してであっても相違はない。それ故に、この愛による社会共同体の関係も、根底においては善・美のイデアを共同にする人間的文化的関係にほかならない[16]。」

プラトンにおける「エロス」の概念は、根底において「精神の力」として文化的性格を持つが、これに対して、キリスト教における「アガペー」は次のように示される。

「キリスト教における『愛』の本質は、キリストの死と復活とにおいて顕われた神の愛であって、この愛を信じて絶対者である神の前に無条件的に自己をささげることである。それは律法による合法則的な行為の概念から、純粋な信仰の心情の動機への転回である。……すなわち、絶対的他者としての神の実在に出発し、この絶対的実在者に対する自己放棄が中心であって、一切の自己実現・自己規定とは根本において相容れぬものがある。人間的文化的な関係でなくして、ひとえに神的な、純粋に宗教的な関係である[17]。」

「アガペー」は「生ける美と善なる生活に向う精神の力」ではなく、宗教的な性格としてとらえられる。ここで「エロス」と「アガペー」との違いによって明らかになるのは、その愛の性質の違いとともに、この愛を担う主体の違いである。つまり、「エロス」は知的認識にすぐれた「精神的貴族」を主体と考えており、「アガペー」は「一般民衆」を主体と考えている点である。これはプラトン以後、魂の彷徨を重ねた諸哲学が「一般人心の渇求を充たし得なかった」ときにキリスト教が迎えられた、あるいはキリスト教が、「ギリシャ・ローマ文化の潮流に打ちひしがれ、抑圧されていた一般民衆にとっていかに大なる『革命』であったか」と南原が述べるとき、その主体としての「一般民衆」が強く意識されている[18]。これは、南原が民衆を非合理的存在と位置づけているわけではない。理論的価値からは非合理的存在かもしれない。しかし、共同体価値からすれば共同体の主体として合理的な存在であると考える。その共同体の主体にとって宗教的な性格を持つ「アガペー」は、共同体の紐帯として不可欠なのである。これは、道徳論から道徳的価値としての善が生まれるのではないのと同様、国家論から共同体的価値としての正義が生まれるのではない、どちらも実践的主体を前提にしてはじめて成り立つ価値であるということを示している。理論的には非合理的であろうとも、共同体価値実現においては「究極」において宗教的信仰をその紐帯としなければならないのである。また、宗教は知的認識に欠ける人に必要であると述べているのではない。南原がプラトンの「エロス」のなかに宗教的信念を見るとき次のように述べるのである。

「この『エロス』こそ、やがて同胞のあいだの愛の結合の精神として、政治的社会の建設に立ち向う契機であり、かの哲人をしてひとり善美のイデアの世界の観照にとどまらずして、降って現実世界の民衆をイデアの高きに引揚げようとして闘わしめるのも、こうしたエロスの衝動によるのである[19]。」

宗教的信仰は共同体の紐帯として、民衆においても哲人においても、いずれの人にも不可欠のものと考えられているといえよう。ここで宗教は、純粋に宗教的な関係として考えられていることは言うまでもない。しかし、現実は次の通りである。

「現代国家哲学の動向は、……近代における宗教否定の傾向と国家概念の貧困との現象に対して、あたかもそれを宗教的非合理的な実在の問題と関連して、それを政治的国家の実在の問題の後退と見なし、したがって、新たに政治的国家の実在を基礎づけるがために、宗教的実在の問題を取り上げるがごとくである。キリスト教の世界の外に、輓近、国家権威の復興の声が国民的宗教の問題と関連して叫ばれるのも、こうした事情からであり、したがって、その国の国家組織と哲学は、究極において、その国民の神学——宗教的非合理性の問題に帰着するものと考えられる。また、かの中世哲学への復帰と言い、或いはヘーゲル哲学の復興と言うのも、結局これにほかならず、いずれも宗教的実在が哲学的認識の問題とせられ、哲学的認識が世界実在の秩序の問題として思惟されるのである。／さらに進んで、もはや宗教的実在の問題でなく、むしろ、歴史的＝社会的実在が重要となり、これが前面に現われるに及んでは、ここに宗教的神秘に代った国家観、宗教的に普遍化された国家実在論が擡頭するのである。[20]」

共同体価値の現実態たる国家が、その意味づけのため宗教を取り上げることは、ある意味で正当である。なぜなら、共同体の紐帯として宗教的信仰は不可欠であり、その固有性を文化的紐帯と区別することを、南原は「プラトン理想国家」からキリスト教「神の国」への展開のなかにみているのだから。批判されるべきは、国家が宗教を独占してその基礎づけを行なうことである。あるいは、実在国家が宗教的実在となることである。これらは、政治的価値と並ぶはずの真・善・美に対して、宗教の独占によって国家が価値の根源となることである。宗教否定がこの国家主義の一因であることを知る南原は、信仰は信仰として正当に位置づけることを主張する。「神の国の実在性は宗教的信仰において生きる事実」であり、「認識の限界を超える問題」であって、「思惟の『局限』の問題」として扱わなければならないというとき、あくまでも宗教的信仰においては「事実」なのである。「その国の国家組織と哲学は、究極において、その国民の神学——宗教的非合理性の問題に帰着する」とは、宗教そのものの否定は、必ず「人心の渇求」を充たす代替物を要求することになり、宗教的非合理性の問題を回避することはできないということである。

南原の神政政治批判は、単に国家と宗教の結合を批判し、その分離を説く超越的批判ではなく、あくまで、宗教的信仰を共同体の紐帯として認め、正当な場所を確保しようとしたところに内在的な批判としての意義を持つ。これは、「共同体」の構成原理からの批判であることを意味する。このような内在性は、皮肉にも現実の祖国が神政国家の様相を増すなかに生きることで獲得されたといえる。一九三六年の転回によって、理論的価値からは非合理的と見られる民衆も、宗教的信仰を紐帯として共同体に生きていることを確認し、「国家と宗教」の問題を展開したのであった。

第三節　「転回」以後

一九三六（昭和一一）年から一九四五（昭和二〇）年までの十年間を、南原は「永遠的なるもの」の「現実態」として意味づけていた。そしてその起点となる一九三六年に、南原の問題意識が変化し、それにともなって論文の対象をフィヒテから、より問題を原理的にとらえるために「プラトン理想国家とキリスト教『神の国』との関係」へと移行させ、「共同体」論をその構成原理において展開し、時代批判を行なったことを述べてきた。これが「一九三六年における転回」である。南原が十年間を一区切りにする理由は、この「転回」以後、南原の問題意識と時代批判のあり方が一貫していることにある。つまり、前章で扱った二つの論文の後、主要な論文としては、『国家学会雑誌』の第五三巻第一二号、第五四巻第五、一二号に発表した「フィヒテに於ける社会主義の理論」(一九三九、四〇)、同じく第五五巻第一二号、第五六巻第二、四号に掲載された「ナチス世界観と宗教の問題」(一九四一、四二)、『東京帝国大学学術大観 法学部 経済学部』に寄稿した「国家と経済――フィヒテを基点として――」(一九四二)があるが、そのいずれもが「二重の問題意識」に貫かれた時代批判となっている。ここでは、三本の中では最後に書かれ、「プラトーン復興と現代国家哲学の問題」、「基督教の『神の国』とプラトンの国家理念」などとともに、一九四二(昭和一七)年に出版された『国家と宗教』に所収された「ナチス世界観と宗教の問題」を取り上げることによってその問題意識と時代批判の連続性を確認しつつ、南原「共同体」論の構造を示すことにする。

南原は「独逸民族社会主義の興隆」を「華々しい政治運動」や「輝かしい戦勝の結果」についてではなく、「その要請する国民理想、ひいては文化理想としての世界観の問題」としてとらえる。このような接近方法は、南原が次の立場によっていることによる。

「凡そ或る国民の文化理想又は世界観の性格を特質づけるものは、何よりもその宗教との関係に如くはないであらう。何故なれば、それはその国民が何を絶対者とし、如何にこれを立てるかの問題に外ならず、国民思想の全体に於て神性の座が何に求められ、如何に規定せられるかは、該世界観の本質を把握する上に於て最もよき標識でなければならぬからである。[21]」

この視点は、「その国の国家組織と哲学は、究極において、その国民の神学――宗教的非合理性の問題に帰着する」という先にその獲得を見た認識に通ずるものであろう。この立場から南原はナチス世界観の問題を次のようにとらえる。

「近代個人主義に対して新たに民族的共同体の理念が立てられたにはしても、ナチスにおいては、それは内面的・精神的なものから創造せられる真の共同性であるよりも、より多く人種的同一性によって結成せられる『種』の自然的共同体の意義が先に立ち、民族の本質は精神的文化の核心においてよりも、かえって『種の保存』と、その『生存の闘争』において捉えられるであろう。これとともに、近代政治の貧困化に抗して回復せられた国家の理念も、真の文化国家あるいは客観的精神の現実態というがごとき価値と意味とを没却して、むしろ『血と鉄』とが最もよく象徴する巨大なレヴァイアサン的存在を顕わにするに至るであろう。[22]」

近代個人主義に対抗して立てられた「民族的共同体の理念」が、「精神的文化」によるものではなく、「自然的共同体」に落ちるという「ナチス精神の二重性」は、先に見たゲオルゲ派の新プラトン像の意義と問題性とに一致する。南原は、ゲオルゲ派の世界観を「神話的世界像」ととらえその理想的契機を「現代文化と国家に対する批判としての消極的意義」として評価したが、その方法が、「現代文化の意義と発展に対する懐疑的態度」に基づくものとして批判したのであった。ナチス世界観の「国家の理念」もまた、「真の文化国家あるいは客観的精神の現実態というがごとき価値と意味とを没却し」た、文化そのものに対する抗議と受けとめられている。ナチス世界観もゲオルゲ派の新プラトン像同様、近代精神に対するアンチ・テーゼとして位置づけられる。そして、共同体価値の現実態、「『共同体』の共同体」としての国家の内部構造、つまり構成原理は次のようにとらえられる。

「国家の内部においては、人間は直接民族的生の存在に従属して考えられる結果、自律的な人格価値または精神的個性としての自由の意義を喪失するに至る。そこには新たに民族『社会主義』の理想がかかげられるにはしても、人間は自らの労働によって自己の使命を自覚し、人間に値する生活を生きるというよりも、むしろ種族的全体を構成する細胞的組織とひとしい生と同時に運命のもとに置かれる。(23)」

ここにみられる「国家の内部」の構造も、「自己の使命を自覚し、人間に値する生活を生きる」という文化的関係に対して、プラトンを典型にした、「人びとは自らが知り、自らが体験することでなくして、支配者の権威の定めた信条を遵守すれば足りる」という神政政治と同様のものとしてナチス世界観の構成原理をとらえている。

「一面においては現実主義を徹底してブルータルな自然にまで突きつめると同時に、他面それを補うものとして理想主義的要素が加味せられる。もしも、かの犠牲・責任などの実践的理想主義の要素の加えられることがなかったならば、ナチスがかくまで現代ドイツの——殊に若い人びとの心を捉え、民族の全運動にまで駆り立てる動力とは成り得なかったであろう。[24]」

「理想主義的要素」が「若い人びとの心を捉え、民族の全運動にまで駆り立てる動力」となった点に注目するのは、二元の克服に当って、キリスト教が「一般人心の渇求」を充たし得たところに重なる。南原が、文化的紐帯のうえに、宗教的信仰を共同体の紐帯として具体的に見出した意義によって得られた認識であるといえよう。

また、具体的「共同体」の規制原理つまり外部関係について、一九三六年の「転回」期には触れられなかったが、この論文では次のように述べている。

「外部に対しては、その北方的アーリアン種族優越の主張の結果、近代の国際主義または世界性に対立する他の極として、ふたたび新たな汎ゲルマニズムの思想が展開せられる可能性がある。[25]」

このことは次のことを意味するのである。

「今次ヨーロッパの大戦において少なくとも現在までのナチス世界観と宗教観をもってしては、すでに限界に到達したように思われる。それは前大戦に敗れたドイツが当初一つのゲルマン国家を形成するためのイデオロギーとしては役立ち得たとしても、あまねく今後の新しいヨーロッパの原理としては不適当なものがある。それゆえに、従来のイデオロギーに固執しつつ新ヨーロッパの支配者たろうとするときには自己矛盾を来たす危険があり、ナチスが今後真にヨーロッパ新秩序の建設に当ろうと欲するならば、自らの理念の一大転回を余儀なくせられるのではなかろうか。[26]」

ここにみられる規制原理は、一九三四年の「フィヒテに於ける国民主義の理論」で示した「普遍的『人類国家』と個別的『国民国家』」の関係であり、「世界民主義」につながる「国民主義」の主張である。

以上のように、南原の「共同体」論は、絶対の政治的価値を前提とし、その現実態である具体的「共同体」にあっては構成原理と規制原理を持つ。そこからナチス世界観に対してその意義の確認と批判を行ったのであるが、ヨーロッパ文化の危機について次のように総括する。

「近代精神の発展の極まるところ文化の危機を現出し、これが克服を目ざして興ったナチスがヨーロッパ文化の更正と発展であるよりは、むしろその伝統からの乖離と背反をもたらすに至ったものとして、一つの新たな危機の原因をつくるものと言うべく、ここに人はヨーロッパ文化の前に置かれた現代危機の『両極性』を認め得るであろう。[27]」

こうして「ヨーロッパ文化の危機の両極性」というとき、二重の問題意識、つまり「『個人主義』そのもののもつ問題」と「『個人主義』への批判の『提唱自体』がもつ問題」とを確認することができる。南原「共同体」論は、テーゼとしての「個人主義」、アンチ・テーゼとしてナチス世界観の上に、ジン・テーゼとして位置づけられるのである。南原が『歌集形相』にたくした十年間は、その問題意識と時代批判のあり方のうえで一貫している。南原が「苦悩と暗黒」を通しての「一筋の道」といったのは、「新たな危機」である「批判の『提唱自体』がもつ問題」のなかで、その解決を目指しての「一筋の道」であったということになる。

ここに、内務省を辞し大学に戻った一九二一（大正一〇）年から一九四五（昭和二〇）年までの、南原が「洞窟の哲人」と呼ばれた時期を、一九三六年における転回を境とし、その問題意識の「弁証法的展開」を根拠として、前期と後期に分けることができる。以下、この前期と後期の営みを確認することによって、「転回」の意義を示しておきたい。

前期の問題意識は「『個人主義』から『共同体主義』へ」という連続的発展をもとめるものであり、政治的価値の定立と宗教の超越性の保持とを二本柱に展開した。政治的価値の現実態として、南原は「国民国家」を「政治的文化概念」ととらえ、「世界民主義」につながるかどうかをその価値基準としたのであった。そして、国際連盟脱退など国家主義的風潮にある現実の祖国日本を、この価値基準から批判したのであった。共同体の現実態である国民国家をその規制原理によって批判したといえよう。この前期においては、南原の学問的批判と止揚の対象が、個人主義的世界観である限りにおいて、「個人」が論理の出発点になる。そして、その限界を突き、「共同体における個人」あるいは「個人と共同体とを同一理念でつなぐ」というように、個人と共同体との関係が政治的価値を中心に問われたのである。その際、宗教の社会共同体的要素は超越性に限られていたために、共同体の紐帯としても、「文化」と「宗教」の結合が見られるのみで、その関係についてては詳細には問われていなかった。

これに対して、後期の問題意識は、「『個人主義』そのもののもつ問題と『個人主義』への批判の『提唱自体』がもつ問題」という二つの点、つまり「個人主義」とそのアンチ・テーゼが持つ問題とにあった。南原「共同体」論はそのジン・テーゼとして位置づけられるが、学問的批判の対象として重点がおかれたのは後者、すなわち新たな危機としての「神政政治」の問題である。ここでは宗教の社会共同体的要素を積極的に評価することにより、共同体の紐帯としての宗教的信仰を原理的に文化的な紐帯と区別し、その固有性を具体的に示した。その宗教的紐帯が、国家を価値の根源とする「宗教」的紐帯、つまり宗教が疑似宗教である点を、「神政政治」のもつ問題として指摘したのであった。共同体の現実態である祖国日本をその構成原理の面から批判したといえる。「転回」の意義もこの「神政政治」に対する、宗教的紐帯を核とした内在的批判の獲得にあるといえよう。前期「共同体」論のなかで欠落していた、共同体価値と宗教との積極的関係を、同時代の学問あるいは実際の運動のなかから学びとることにより、後期「共同体」論へと弁証法的展開を遂げたのであった。

註

（1）南原『歌集形相』（初版　創元社、一九四八、再版　図書月販・出版事業部、一九六八。『著作集』第六巻）五一三頁。

（2）南原、同上書、一九四頁。

（3）南原、同上書、一九六頁。

（4）南原「プラトーン復興と現代国家哲学の問題」（『国家学会雑誌』第五〇巻第九号、一九三六。「プラトン復興」として、同『国家と宗教』岩波書店、一九四二、所収。『著作集』第一巻）一七～一九頁。

（5）南原、同上論文、一九頁。

（6）南原、同上論文、三四～三五頁。
（7）南原、同上論文、三九頁。
（8）南原「基督教の『神の国』とプラトンの国家理念――神政政治思想の批判の為に――」（『国家学会雑誌』第五一巻第一〇・一一号、一九三七。「キリスト教の『神の国』とプラトンの理想国家」として、前掲『国家と宗教』、所収。『著作集』第一巻）一一一頁。
（9）南原、同上論文、一〇九～一一〇頁。
（10）南原、同上論文、一一〇～一一一頁。
（11）南原、同上論文、六一～六二頁。
（12）南原、同上論文、七九～八〇頁。
（13）南原、同上論文、九三～九四、九八～九九、一〇九頁。
（14）南原、同上論文、六二～六三頁。
（15）南原、同上論文、八〇～八一頁。
（16）南原、同上論文、七六～七七頁。
（17）南原、同上論文、七八頁。
（18）南原、同上論文、六七、七一頁。
（19）南原、同上論文、六〇頁。
（20）南原、同上論文、一一六～一一七頁。

(21) 南原「ナチス世界観と宗教の問題(一)」(『国家学会雑誌』第五五巻第一二号、一九四一)二頁。前掲『国家と宗教』所収の際には、本文からは削られ、その序にて同趣旨を述べている。なお、日本におけるバルト受容の立場から、大木英夫は南原の『国家と宗教』を「戦前と戦中のバルト受容の立派な一例［唯一例?］」と評価している(大木英夫『バルト』〈人類の知的遺産72〉、講談社、一九八四、一一八〜一一九、三四二頁)。

(22) 南原、同上論文(『著作集』第一巻)、二一七〜二一八頁。

(23) 南原、同上論文、二一八頁。

(24) 南原、同上論文、二五五頁。

(25) 南原、同上論文、二一八頁。

(26) 南原、同上論文、二六三頁。

(27) 南原、同上論文、二五四頁。

第三章　「転回」のなかの南原繁

第一節　学問人として

ここまで南原が戦前・戦時期に発表した論文を中心として、その問題意識・論文の対象・論理の展開・そこに含まれる時代批判の意味を追ってきた。そこでは、南原が一貫して共同体価値を問題とするなかで、時代状況を論理に組み込み、その「共同体」論を弁証法的に展開してきたことを論じた。第三章では、「共同体」論を展開する契機となった一九三六年における転回を、南原がどのように自己規定することによって行ったのか、つまり自己の使命をいかに貫くなかでその転回を成し遂げたのか、について論じてみたい。

南原の「共同体」論は、南原自身の価値並行論のなかに位置づけられている。その価値並行論とは、「(真・善・美) 三者相互の間と同様、新たに得た政治的社会価値の正義を、ともに並列の関係におくことが要求されなければならない。それは、これまで文化の諸価値のうちの一つを頂点にして、他の諸価値を段階的次序に従ってそれに下属せしめるごとき、いわゆる価値の段階説とは異なって価値並行論の新たな体系[1]」(丸括弧内は引用者。以下同じ)というものであった。南原にとって学問とは、善・美・正義と並ぶ絶対の固有価値を持つものである。絶対の固有価値とは、「現実的・存在的なもの」と区別された「価値的・当為的なもの」である。この「存在」と「価値」の峻別は、価値並行論の前提条件となる。存在と価値の峻別を前提にして、その結合を求めていくなかに、人間の使命があり、そこに「文化」の意義がある。存在と当為、現実的なものと価値的なものの峻別を、時間軸のなかにおいた場合、価値並行論は「進歩」の精神に支えられることになる。なぜなら、時間の経過とともに、存在するものを価値的なものに近接させることに「文化」の意義があるからである。

「文化の進歩はいずれの国にあっても、不断の発展継続において考えられなければならず、そのために絶えざる自己否定と超克がなされなければならない[2]。」

「進歩」の精神とは、「絶えざる自己否定と超克」の精神である。しかしなんでも「否定」し「超克」するわけではない。

「人類文化の発展の過程において、ギリシャ以来人類は幾多の進展の段階を経過し来たり、それらの時代はそれぞれの文化を形成して来たのであって、おのおの固有の価値をもつことが認められなければならない。……この過程は決してそれ自身何ら文化の頽廃として見なしてはならぬものがある。われわれは、そこに人類の文化的努力の意味と、世界の『進歩』の意義について考えるべきものがある、と思うのである。[3]」

「幾多の進展の段階」は「おのおの固有の価値」を認められねばならず、その中に「人類の文化的努力の意味」を汲み、「進歩」の意義を見出した上での「絶えざる自己否定と超克」でなければならない。

「単なる歴史主義は一種の相対主義以外のものではなく、その最初期待したのとは、かえって反対の帰結に導かれるに至るであろう。[4]」

南原は、前期も後期もこの「進歩」の精神を失っていない。一貫して「進歩」の精神を保っている。たとえば、前期にあたる「政治原理としての自由主義の考察」（一九二八）のなかでは、「歴史と権威について正当な評価が払われて、経験的の制約に応じて不断の努力を認める真正の『進歩』と『改革』の観念が基礎づけられなければならない[5]」と述べられる。あるいは後期においても、「プラトーン復興と現代国家哲学の問題」（一九三六）のなかで、「永い歴史の行程において、おのおのの民族の歴史的特殊性をいかにして普遍的人類的なものにかかわらしめるか、所与の現実を通していかにして理性の当為を実現すべきかは、『学問』におけると同様に『政治』においての根本の問題である」[6]と語っている。

南原にとって、学問が善・美・正義と並ぶ絶対の固有価値を持つものであるということは、学問が絶対の真理価値へと「進歩」してゆく「文化」であることを意味する。この学問観を支える思考様式は、当然のことながら、絶対価値を前提にした存在と価値の峻別という「二元主義」と「その二元の統一へ」ということになる。前者は「形式」を問題とし、後者はその「形式」を前提に「内容」を問題とする。具体的に述べると、前期においては個人主義的世界観の「人格」概念の記述に見られる。そこでは、「自然、経験的個人」、「抽象的なる個人」、「道徳的個性」という三つの概念を示していた。「自然、経験的個人」と「抽象的なる個人」とを峻別したことに「個人主義」の意義があり、これは「形式」にあたる。しかし、この「抽象的なる個人」が具体的「内容」の普遍性を示し得る「道徳的個性」ではなかったところに「個人主義」の限界を見たのであった。また、後期においてはプラトン「国家論」の評価においてこの思考様式が見られる。南原がプラトンを評価したのは、「天の彼方」での実現を指示したという、二元的な世界観という「形式」においてであった。そして「内容」については神政政治の範型となったと批判する。前期も後期も、「形式」と「内容」を区別しながら問題をおっていく点は一貫している。

ただこのような「進歩」の精神に支えられた思考様式も、ただ形式的に用いられているわけではない。南原は、その比重のおき方を変えることで時代批判を行なっている。つまり、前期の

「人格」概念においては、「形式」に飽き足らず、その「内容」の普遍性を求める点に重きが置かれており、「道徳的個性」の人間観が強調された。これに対して、後期において南原がプラトンを評価したのは、何よりもその「形式」においてであった。「内容」に問題がありながらもプラトンは「国家哲学の創始者」として二元性が強調された。南原が、後期にあってプラトンの「形式」を声高に評価せざるを得なかったのは、祖国日本の次のような状況を認識していたからである。

「それ（『全体国家』或いは『権威国家』）には本源的な統一状態として、もろもろの文化よりもさらに高い度合において民族本来の生の統一体の実在と、これに対する国民の信仰が前提されてある。したがって、およそ国家の価値または意味を問うがごときは、すでに存するこのような本源的なものへの素朴な信仰の喪失を語るものでしかあり得ない。国家は支配の自己実現であるかぎり、生の共同体の実現であるかぎり、およそ国家の目的価値などを問うのは意味がない。しかるにそれが問題となり得るのは、かような本源的統一が破れ、それに対する信仰がもはや国民の間に生きていないことの証左として考えられる。[7]」

この「全体国家」或いは「権威国家」のなかでは「国家の価値または意味を問う」という学的行為は、国家への「信仰」の喪失を語ることとみなされる。南原が、前期から一貫して問題としてきたのは、まさにこの「国家の価値または意味を問う」ということであった。しかし「権威国家」の中で、南原の学問は、国家への「信仰」の喪失とみなされる。信仰に支えられた「祖国愛」に燃えて学問に打ち込んできた南原にとって、ここにおける「学問」は学問ではないし、「信仰」も信仰ではなかった。これにつづく次の「正義」の観念のなかにもこの嘆きは読み取れる。

「正義も、すでに見たように、一つの国家的感情として非合理的な生の共同体の原理と解釈される結果は、もはや、国家権力者の把握するカリスマ的権威と、これに対する国民の側からの信仰の関係があるのみである。言いかえれば、一方には支配する少数者の神秘的直観があり、他方に一般国民のこれに対する遵奉があるのみであって、人びとは自己自ら知り、欲することではなくして、支配者の定めた信条に対する絶対の服従が要求されるだけである。(8)」

ここには南原が政治的価値を表す言葉として用いた正義の観念とは、とうていかけ離れた「正義」があるのみである。ここにおける「正義」と同様、「権威国家」の内部において、その「学問」自体の存立根拠を認識していないとき、結果的には「支配する少数者の神秘的直観」を正当化する「学問」でしかなくなり、「政治上の自然主義たる権力主義」をしかもたらさないということである。学問は真理価値につながるのではなく、国家価値につながり、しかもその国家はもはや南原の望む「共同体価値の現実態としての国民国家」ではなかった。南原は形式的な思考様式のなかにも、自己の学問の基盤を認識することにより、時代批判を行なったのであったが、この学問の基盤と共同体価値の現実態たる国民国家との関係は、南原にとって避けて通ることができない「共同体」論の「生命」にかかわる問題であった。この学問基盤の喪失に対して、学問が国家につながるものではなく、真理価値につながることを主張することで、一つの批判になり得るであろう。「学問の自由」の主張がこれであり、学問人としての自己規定のあり方のひとつである。しかし、南原の学問が、真・善・美に加えて正義をもってする共同体価値を立て、その現実態として「国民国家」をとらえていたことを考えれば、「学問の自由」の主張だけでは、「共同体」論は「生命」を失うことになる。絶対の共同体価値とその現実態としての「国民国家」、人間観を表す言葉で言えば「共同体における個人」つまり『個人的性格』を有するのは、共同体により、共同体に対してのみである」という人間観と、その現実態としての「国民国家における個人」という観点から、この「全体国家」を意味づけ、批判することが必要なのである。「共同体」論を主張した南原にとって、学問人であることは「国民国家における学問人」であることだった。

前期の南原にとって、真理価値につながる学問人であることと、共同体価値の現実態である「国民国家における個人」であることは矛盾するものではなかった。

「政治的独立のない国民の文化が、いかに憐れな無意義なものであるかを論じて後、彼（フィヒテ）はいう。苟くも理性ある著作家の欲するところは『一般の公生涯に入りこみ、これを自己の形象に形どり且つ作りかえることである。』真の文化人は精神生活の根底から『本源的に活動する人、すなわち支配する人に代って思惟しようと欲するのである。』彼はただ『それによって支配者が考え、支配が行われるところの言語、すなわち、自ら独立の国家を形成している国民の言語においてのみ労作し得るのである』と。科学も芸術も国民を支配し、国家生活に作用するものであるが、政治上の独立を失った国民の上には、もはや何ものをなすことができない。なぜならば、国民の政治的独立の喪失によって、同時に学芸はそれ自らの存立条件を失うからである。(9)」

「理性ある著作家」は、「一般の公生涯」つまり共同体価値の現実態である「国民国家における個人」であることによって、「真の文化人」になる。学問は「国家生活に作用するもの」であり、また、「学芸」の「存立条件」は「政治的独立」を勝ちとった「国民」の上にあるのである。学問人であることは「国民国家における個人」でなければならなかった。しかし、フィヒテを引用してこのように言えたのは、南原にとっての「国民国家」つまり現実の日本が「世界民主義」とつながる「国民国家」であった、少なくともその可能性があると南原が認識できた前期に限られる。

一九三六年における転回とは、南原にとっての「国民の政治的独立の喪失」がもたらしたものである。これは現実の日本が政治上の独立を失ったことを意味するのではない。現実の日本が「暗い憐れな国民主義」に進んだことは、南原にとって学問人であることと「国民国家における個人」であることを矛盾なく自己規定する対象となる「国民国家」を失ったことを意味する。しかし、共同体価値の現実化は、価値並行論において政治的価値を絶対価値として立てた学問人として、その「生命」がかかっている。南原が「共同体」論を主張する学問人であるためには、共同体価値の観点から、「国民国家における学問人」として、現実の日本を意味づけることが必要であった。その意味づけを最初に行なったのが、一九三六年の「プラトーン復興と現代国家哲学の問題」であり、以後、後期の論文はその枠組みを踏襲している。その意味とは「個人主義」に対する問題提起としての「消極的意義」であり、「個人主義」に対するアンチ・テーゼとしての位置づけであった。この消極的意義を見出すことで、「進歩」の精神も、それに支えられた思考様式も保つことができたのである。こうして後期の南原は、

「真理をして成らしめよ。たとい世界は滅びるとも[10]」

という、「真理のための真理」を究める学問人として、また、

「民族は運命共同体といふ学説身にしみてわれら諾はむか[11]」

と消極的意義ではあるといえども、共同体価値の現実態にかかわる「国民国家における個人」と

して、ともに文化の「進歩」に携わる自己を規定し得たのであった。

第二節　文化人かつ宗教人として

一九三六年における転回にあって、学問人かつ「国民国家における個人」として、言葉を換えていえば、「進歩」の精神に支えられた文化人としての自己規定を獲得させたものは何であったのか。その萌芽は前期のどこに見られたのか。前期から後期への展開が、宗教の共同体的要素の積極的評価によるものであることから、それは「文化人かつ宗教人」という自己規定にあるといえよう。この自己規定とは次のように記されていた。

「宗教が真・善・美などの価値を超越するものなるがゆえに、かえってまた、価値と反価値との対立にも耐え、一切の文化生活を受容し、承認し得るのである。これによって宗教人は、いずれの文化的価値生活のなかにも入りこみ、そのただ中にあって、神と偕にある生活を生き得るばかりでなく、文化人としてのもろもろの生活と活動の力と生命をかえって宗教から導き出すことができるであろう。[12]」

ここでは、この「文化人かつ宗教人」であることが、「共同体」論へ与えた影響と、南原の思考態度に与えた影響について述べることにする。まず「共同体」論への影響であるが、このみずからが文化人であることの究極において、「一切の文化生活を受容し、承認し得る」との宗教人としての認識は、文化の諸価値に対しても究極において宗教を要請するという確信の根拠であった。そして、南原みずからが立てた共同体価値もまた宗教を要請するはずとの確信となっていた。ただそれは、確信に過ぎず、前期においては学問的批判の対象が個人主義的世界観にあったため、宗教の個人主義的要素を指摘すること、「個人主義」の「自己みずからの裡」にその根拠をもつという人間観に対して、絶対他者たる神の存在を指摘することが、「個人主義」に対する批判とその止揚の根拠となっていた。また、南原個人にとって、「共同体」論を主張する学問人としての使命がストレートに「国民国家」につながっているとき、宗教は情熱を駆り立てるものではあっても、情熱に水をさすものとして否定的にとらえられることはなかった。ここでは、宗教の共同体的要素は「価値並行論と宗教」という論理の形式の中で扱われ、実体を伴ったものではなかったといえよう。

その宗教の共同体的要素を現実のなかに見たことは、南原の論理に生命を吹き込むことになる。これが一九三六年における転回の意義であった。南原が見たのは、国家をすべての価値の根源とした疑似宗教でしかなかった。疑似宗教である限り、南原にとってそれは否定的にとらえられる宗教である。しかし、宗教の共同体的要素には違いなく、政治的価値が究極において宗教を要請するという認識において意義をもち、そこに南原は「消極的意義」を見出したのであった。そして、政治的価値における宗教の内在性の発見は、否定的にとらえられた疑似宗教を、純粋の宗教——南原は原始キリスト教にそれを見ている——に転換することにより、共同体の現実態たる国民国家においてその紐帯となり得ること、「国家共同体は、それを構成する個人の自律、言いかえればその宗教的信仰ならびに文化的作業の自由の意志による内面的紐帯なくしては、決してみずからの自律性を確立し得ない[13]」ことを、南原に確信させたのだった。それは、前期において、「文化人かつ宗教人」という自己規定に基づいて築かれた「価値並行論と宗教」という論理的探求を、現実の疑似宗教を否定的媒介にして展開させたものであった。

次に「文化人かつ宗教人」であるという規定が、思考態度に与えた影響について述べる。南原は学問人としての思考態度として「無関心の関心」といわれるものを、後年、次のように語っている。

「『学者は真理に仕える僧侶でもある』〔フィヒテ〕。そのことは、外的事象や現実の政治に無関心たることを意味しない。むしろ、それに関心を有すればこそ、それを超出して、事象の本質を省察しようとするのである。『無関心の関心』とはこのことにほかならない。それがまた『真理のために真理を愛する』という……哲学の態度である。[14]」

この現実の政治を「超出」する態度は、「一切の文化生活を受容する」という宗教人の態度に重なりあう。そしてこの宗教人の受容的態度を、次のように述べるのである。

「使徒達の……教説は、一切を神の意志から出たものと信じ、したがって、所与の秩序を尊重すべきことを説き、或る場合には現実秩序の不法と悪にさえもかかわらず、これに忍従すべきことを勧めるところの、彼らの純粋に宗教的愛の心情から出る受動的態度にほかならず、また、その意味においてはいずれの時代にも容認せらるべき信仰の生活態度である。[15]」

このように、「信仰の生活態度」として「受動的態度」のあり方を示したのち、一九三七年に発表した「基督教の『神の国』とプラトンの国家理念」では、「決して之によりて国家其自体の神的価値を立し、これに絶対服従を説くところの政治上の『保守的原理』を樹てた訳ではないのである」とつづける。ここには、現実の政治から「超出」する学問人としての態度も、宗教人としての「生活態度」である「受動的態度」も、あくまで「国家其自体の神的価値」を認めているわけではないことが示されている。そして、現実に対する受容的態度から、隠遁するのではなく、積極的に文化価値にかかわることは、宗教人としての立場から、次のような意味づけがなされるのである。

「イエスの教説があえて道徳の破壊ではなくして、かえってその成就であったように、宗教的神の国を政治的国家から超出せしめたことは、政治社会そのものの否定ではなくして、いまや宗教との関係において国家は新たな意義と課題をもって建てられなければならない。[16]」

これを南原は次のように受けとめていた。

「自分の公職も極する処之にあり、即ち、主が再臨為さる迄に、自分の預かり居る処を充分に手入し、綺麗にして、主に御返へし申さん[17]」

この「道徳の破壊ではなくして、かえってその成就」、「政治社会そのものの否定ではなく、……新たな意義と課題をもって建てられなければならない」あるいは、「自分の預かり居る処を充分に手入し、綺麗に」するという思考態度は、文化の「進歩」の精神を、超価値の世界から支えるものであった。

南原は、文化人としてはプラトンを評価した。プラトンの「洞窟の比喩」を引いたのち次のように述べるのである。

「プラトンが現実の国土とそこに行われる人間の一切の所業とに対する嫌悪と、それからの解脱の要求が見える。それは確かに真摯な思想家の誰でもが持つ出世間的・超絶的な希求である。しかし、彼はこれらの真の智慧ある人びとをして、超絶世界に永く留まることを許さなかった。悩める人類に対する彼の愛執は、これらの人びとを再び現実の国土に呼び戻さずには措かなかった。光明の世界において真の知見を体得した者は、洞窟のごとき暗黒の世界に住んでいる同胞のあいだにふたたび降りて来て、正義のために戦い、さらに民衆を自己と同じ超絶界の高い理想にまで連れゆく使命を持っている。(18)」

「超絶世界に永く留まること」なく、「現実の国土」において「正義のために戦」う、この「使命」のなかに、南原は共同体の紐帯としての「宗教的信仰」を見たのであった。南原は、プラトンの中に、宗教的信仰に支えられた、学問人かつ「共同体における個人」としての文化人を見ている。南原にとって「文化人かつ宗教人」としての原点がこのプラトン像にある。この南原のプラトン像は、一九三〇（昭和五）年に『聖書之研究』誌上に一度示されていたものであった。(19)

「谷ふかき洞なかに火の燃ゆる見ゆさながらわれの生きて来にけり(20)」

一九三六年、「明暗」のなかで南原は大学に戻って以来の学問人としての営みをこのように表現した。南原がそれまで見ていたものは、光明の世界のものではなく、洞のなかに燃えていた火でしかなかったという嘆きの歌といえまいか。その嘆きの中から、現実を否定的媒介にした弁証法的展開を行うに当って、再びプラトンを取り上げたといえよう。「転回」にあたって、プラトンを対象としたのは、「プラトン国家論からキリスト教の神の国へ」という精神的過程が、共同体と宗教の内在性の原理的な関係を示すものであったこととともに、南原の現実に対する「出世間的・超絶的な希求」と、文化人として「現実の国土」で戦い、自己の「使命」を果たすことを、このプラトン像で再認識するためであったといえよう。

註

(1) 南原、前掲「フィヒテ政治理論の哲学的基礎」、一四七頁。
(2) 南原、前掲「プラトーン復興と現代国家哲学の問題」、五二頁。
(3) 南原、同上論文、三五～三六頁。
(4) 南原、同上論文、五二頁。
(5) 南原、前掲「政治原理としての自由主義の考察」、四六頁。
(6) 南原、前掲「プラトーン復興と現代国家哲学の問題」、五二頁。
(7)(8) 南原、同上論文、三七頁。
(9) 南原、前掲「フィヒテに於ける国民主義の理論」、三八〇～三八一頁。
(10) 南原「人間と政治」(『帝国大学新聞』七六七号、一九三九年五月。前掲『自由と国家の理念』所収。『著作集』第三巻) 七九頁。
(11) 南原、前掲『歌集形相』、三七三頁。
(12) 南原、前掲「フィヒテ政治理論の哲学的基礎」、一五七頁。
(13) 南原「カトリシスムとプロテスタンティスム――田中耕太郎教授の批評を読みて――」(『国家

学会雑誌』第五七巻八・九号、一九四三。前掲『国家と宗教』所収。『著作集』第一巻）三三八頁。

（14）南原、前掲『政治哲学序説』、四五頁。

（15）南原、前掲「基督教の『神の国』とプラトンの国家理念」、八五頁。

本文においては初出（「基督教の『神の国』とプラトンの国家理念（一）」『国家学会雑誌』第五一巻第一〇号、一九三七、三五頁）の文章をこれに続けたが、前掲『国家と宗教』においては次のように続ける。

「決してこれによって国家それ自体のキリスト教的意義の神的価値を立て、これに対する絶対信仰を説く神政政治の原理を立てたわけではないのである。」

（16）南原、同上論文、八七頁。

（17）石原兵永「私の接した南原先生」（『回想』所収）一一五頁。

（18）南原、前掲「プラトーン復興と現代国家哲学の問題」、五八頁。

（19）南原「プラトンの理想国と基督教の神の国（上）」（『聖書之研究』三五七号、一九三〇）一一五～一一六頁。

南原は、前掲「基督教の『神の国』とプラトンの国家理念」のはじめに、この論文について次のように述べている。

「筆者は嘗て昭和五年四月故内村鑑三先生主宰『聖書之研究』誌上に略同様の題目『プラトンの理想国と基督教の神の国』（上）に就いて寄稿するところがあつた。然るに図らずも先生の哀しき逝去に会ひ、同誌はその月を以て廃刊となり、右原稿も僅に序説的部分を起したのみで中絶のままであつたのを、今回思ふところあつて再び同問題を取り上げ、当初の考案を拡張し且、少しく形式を変えて論述することとした。我邦近代の預言者にして其の愛する祖国と真理の為に生涯を傾け尽して戦はれた故恩師に改めて此の拙き小論を献ぐ。」

ここでは、内村が「祖国と真理」のために生涯を傾けたと述べられており、南原が学問人かつ「国民国家における個人」と自己規定していたことと重なる。つまり南原は、内村を文化人として評価しているといえる。

また、南原が文化人としてのプラトンに「宗教的信仰」をみる視点は、南原が「哲学することを学んだ」という筧克彦の、プラトンに「熱誠」を視る次のことばを受容しているといえる。

「『プラトーン』卑近ハ重ナル感性知覚ニ拘束セラルルコトナク、重キヲ思惟ニ置ケリ。然レドモ彼ノ大ナル所、尊キ所以ハ、冷静ニ思惟シ計算シタル点ニ非ズシテ、彼ノ熱誠ニアリ。熱烈ニシテ然モ動カザリシ彼ノ感得ニ在リ。……彼ハ哲学ノ基礎ヲ熱烈ナル誠情ニ在リトシ、此ノ点ニツキ宗教文学美術ト同一ナリトセリ。」（筧克彦『法理学第二巻　西洋哲理　上』有斐閣書房、一九一三、一三一頁）

（20）南原、前掲『歌集形相』、一九二頁。

終章　「転回」論からの展望

本論は、南原繁が内務省を辞し大学に戻った一九二一（大正一〇）年から一九四五（昭和二〇）年までを対象として、その問題意識、論理、論理――中心理論である「共同体」論――の展開、そこに含まれる時代批判、そして論理をささえた南原自身の自己規定を明らかにすることを目的とし、これにしたがって述べてきた。終章においては、その到達点を確認するとともに、本論からの展望について述べておきたい。

南原の問題意識は、一九三六（昭和一一）年に発表された「プラトーン復興と現代国家哲学の問題」を境に「転回」する。[1]この論文以前の前期「共同体」論における問題意識は、「個人主義的世界観から共同体主義的世界観へ」というものであった。そこでは、文化価値として真・善・美に加えて、新たに正義という共同体価値を立てるとともに、宗教を個人主義的要素と共同体主義的要素に区別する。そして、文化価値と宗教の関係を超越性と内在性においてとらえる視点を提示するが、このことは、共同体価値と宗教の関係においても超越性と内在性においてとらえられることを意味する。この共同体価値の現実態、つまり「『共同体』の共同体」として南原は

「国民国家」を見いだし、その構成原理と規制原理について論ずる。規制原理とは、「国民国家」を「世界民主義」に連なるかどうかを判断基準とするものであり、「普遍的『人類国家』と個別的『国民国家』」という関係で示される。構成原理とは、共同体の紐帯を何とするかということである。前期「共同体」論においては、共同体価値と宗教の関係において、超越性のみが扱われ、内在性――つまり共同体的価値生活の「究極」において宗教がどのように要請されるのか――については、論理的に展開されていなかった。そのため、前期の時代批判は、規制原理による、つまり「世界民主義」に連なるかどうかによって批判がおこなわれている。

これに対して、後期の問題意識は「二重の問題意識」、すなわち「『個人主義』そのもののもつ問題と『個人主義』への批判の『提唱自体』がもつ問題」に対するもの、であった。後期「共同体」論は、テーゼとしての「個人主義」、アンチ・テーゼとしての「個人主義」に対する批判の「提唱」、そのうえにジン・テーゼとして位置づけられる。そして学問的批判の対象としては、後者の「神政政治」に重きがおかれた。そこで展開されたのは、前期においてはその場所だけが確保されていた、共同体価値に対する宗教の内在性という論理である。これは宗教の共同体主義的要素を積極的に評価することにより、共同体の紐帯としての宗教的信仰を、原理的に文化的紐帯と区別することで展開された。そして、その宗教的紐帯となっている宗教が、国家を価値の根源とする「宗教」つまり疑似宗教である点から、「神政政治」を内在的に、共同体の構成原理から批判したのであった。前期「共同体」論に欠落していた部分を、同時代の学問あるいは実際の運動のなかから学びとることによって、後期「共同体」論へと弁証法的展開を遂げたのであった。

この「転回」を、南原は自己の使命をいかに貫くなかで成し遂げたのか、自己の使命をどう規定することで行ないえたのか。南原は自己を真理価値に直接つながる学問人として規定するとともに、「共同体」論を主張するものとして、「共同体における個人」である「国民国家における個人」として自己を規定していた。つまり、「国民国家における学問人」として、文化の「進歩」に携わる文化人であった。そして文化人としての南原の思考態度をささえたのが、「文化人かつ宗教人」として、「価値に超越する」ゆえにかえって「一切の文化生活を受容する」という自己規定であり、そのような「文化人かつ宗教人」としてプラトンを評価していたのであった。

以上が本論の到達点である。南原「共同体」論がこの時点で展開しきっていないのは、「共同体」の構成原理のなかでの「民衆」の文化的紐帯と宗教的紐帯との積極的関係である。つまり、学問人としての文化的かつ宗教的紐帯については、プラトン評価による南原自身の自己規定において展開されたといえよう。しかし、疑似宗教によってその「宗教」的紐帯を見いだされた民衆に対して、どのような宗教的紐帯が考えられているのか。否定的にとらえられた宗教の共同体的要素を、いかに肯定的に転換するのか。これはまた、民衆の文化的紐帯と宗教的紐帯の積極的関係をどう見いだすのかということにもつながる。理論的価値からは非合理的存在とみられる民衆を、共同体価値から実践的主体として見いだした南原が、民衆における「文化人かつ宗教人」という問題についてどのように展開したのか。この問題に対しては、一九四五(昭和二〇)年以後、南原が戦後の教育改革において「日本側教育家委員会」の委員長、その後の「教育刷新委員会」(のちに「教育刷新審議会」と改称)の副委員長、委員長を歴任するなかで、「広く大衆に訴えかける思想家」としてどのような役割を果たしていったかを解明することで、一つの答えがみられるであろう。これに関連して、南原は一九三八(昭和一三)年に次のように語っている。

「これまでの多く個人的人間教養に対して、新たに政治的教養の必要な所以がある。それによって、政治的真理や正義に対する国民大衆の関心と情熱が振い起される必要がある。真理自体はその性質上人間の知恵として、かえって単純な人間——民衆によって理解されるであろう。[2]」

「真理」がその「性質」上、かえって「民衆」によって理解されるということは、何を意味するのであろうか。興味をそそられる点である。[3]

「転回」論で把握した南原の論理からの展望として、第一の方向が、この民衆における文化と宗教の関係を中心とする戦後の営みを解明することであるならば、第二の方向として、南原の「共同体」論を、同時代人との対比のなかで、その思想的特質をとらえることがあげられる。この点については、序章で述べた南原のかつての同僚である「新官僚」との関係もこれに含まれるであろう。この視点は次のように橋川文三が指摘した「明治末期から大正期にかけてのヒューマニズムの立場からファシズムに傾いて」いく人々との関係に位置づけることを意味する。

「なぜそういう（ヒューマニズムの立場からファシズムへ傾いていく）ことがおこってきたのか、この問題は個々人についてもっと詳しく吟味しなければなりませんが、一般にファシズムの共鳴盤としての知識人の問題、あるいは後の転向という問題にも関連させて考える必要があるだろうと思います。つまり、……その理想主義の立場をラジカルに観念的に追及しようとする、ところがその観念性というものが、たとえば第一次大戦によって、あるいはソビエト革命や中国革命の衝撃によって、とくにまた昭和恐慌によって、根底的に行きづまってしまう。この観念性を乗りこえなければ、自分たちの求めているヒューマニズムをつらぬくことはできないというように転換していったわけです。[4]」

南原が、ファシズムへ傾かず、それをアンチ・テーゼとしてとらえることができたのは、「文化人かつ宗教人」としての自己規定であったことを考えれば、内村鑑三の無教会主義との関係も問われねばならないだろう。また、南原が学問人として自己規定したことは、転向論の立場から、体制内知識人として、「政府の全体権力体系の中腹に場所をもらって」、「世界的正義の尺度にてらして日本の政治の問題を批判してゆこうという態度をとった保守的自由主義者[5]」と評価されることにつながった。このような「保守的自由主義者」であったがゆえに、日本の現実を「無関心の関心」という思考態度をもって正確に把握し、内在的批判を行ないえたともいえるであろう。

南原は、大学を卒業後、富山県射水郡に郡長として赴任している。そこで地域共同体経営にかかわった。治水事業や農業公民学校の設立を行ない、後年、この射水を「第二の故郷」と呼んでいる。[6] その際小学校教員に向けて「何たるべきか」という文章を発表した。その中で次のように述べている。

「教師として……小学校教員として、その要件中至高至善のものは教師其の人の真面目の心である、一生懸命の心である、児童に対する真心である、愛の心である。[7]」

この「真面目の心」は、大正ヒューマニズム共通の地盤を象徴する語といえよう。南原にとって、郡長としての経験は次のようにその政治哲学に位置づけられる。

「例えば、若き日の素朴な社会観や理想を抱いて、それに励まされて実社会に出で、その実現を図ろうとする。これは自覚した政治社会生活の第一歩にほかならない。しかるに、現実社会生活の渦中にあっては、単なる理想や抱負が問題を解決し得ず、一つの社会現象として政治を観察し、その運動と法則について客観的な知識を必要とするであろう。これは社会科学の要求であって、この科学的知識の前には、最初の素朴な社会観や思想は崩れざるをえない。だが、それによって、われわれの知的要求は満たされないであろう。およそ人類歴史と社会はいずこに向うべきであるのか。われわれはそのために何をなさねばならぬか。これは政治哲学への要求であって、それによって、われわれは政治社会の帰趨と政治活動の標的を知ろうと欲する。それとともに科学的知識が確固たる哲学的基礎を得るとともに、一旦却けた素朴な人生観ないし世界観のあるものは、批判的形成を経て、思いがけないところに再び発見されるであろう。(8)」

郡長としての経験、あるいは労働組合法案との関わりは、南原が「若き日の素朴な社会観や理想」をもってして現実と格闘したものであろう。この「素朴な社会観や理想」が大正ヒューマニズムの「観念性」であり、その論理的乗り越えの過程の一例が、南原「共同体」論の「転回」である。この過程を「立体的」にとらえていくことが、この「転回」論からの展望としてあげられる第二の方向である。この第二の方向は、この「転回」論をより論理構造として深めることになると同時に、「日本ファシズム」論のなかに位置づけることによって、論理をより歴史の場に還元することになるといえよう。

註

(1) 南原の一九三六年における転回の契機となった事件は、二・二六事件と思われる。南原は後年次のように回顧している。

「私も生涯のうちで、いろいろ政治的事件にであいましたが、二・二六事件の朝は、その後の一二月八日の宣戦布告の日よりも、ある意味においては深刻だった。そう感じています。」（『回顧録』一七七頁）

また、丸山真男は一九三六年の南原の「政治学史」の講義を聴いており、南原が次のようにこの二・二六事件について言及していたことを記録している。

「皇軍の私兵化を慨して蹶起した青年将校たちが、まさに皇軍を私兵化する行動をとった。こういう矛盾はどこに由来するか。畢竟、自らの行動の思想的意義にたいする徹底した、しかも客観的な考察が行われなかったことを物語る。」（丸山真男「解説」『著作集』第四巻、五八二頁）

なお、戦後丸山が「日本ファシズムの思想と運動」（同『増補版現代政治の思想と行動』未來社、一九六四、所収）のなかで、二・二六から八・一五までの時代を、「下からのファシズム」が挫折したのちの「日本ファシズムの完成時代」として時代区分を行なっている。

（2）南原「現代の政治理想と日本精神」（前掲『自由と国家の理念』所収、『著作集』第三巻）一二二頁。

（3）戦後における南原の活動のなかに「共同体」論の現実化をみる視点とともに、南原の後継者が、この「共同体」論をいかに受けとめていったのかも、一つの視点になろう。この点については、福田、前掲「ドイツ理想主義と現代政治哲学の問題」五八頁、および、丸山、前掲「南原繁『フィヒテの政治哲学』を読む」一三頁を参照のこと。

（4） 橋川文三「日本ファシズムの推進力」（橋川文三著／筒井清忠編・解説『昭和ナショナリズムの諸相』名古屋大学出版会、一九九四）一二九頁。なおこの論文の初出は、藤原彰他著『シンポジウム日本歴史21　ファシズムと戦争』（学生社、一九七三）である。

この視点から南原の「共同体」論との異同をみる場合、戦時下日本における「近代の超克」論を理論的に代表したといわれる京都学派の哲学者の動向が一例としてあげられよう。京都学派の「近代の超克」論については、「ジャーナリズムの仇花となった末期形態」より、むしろ昭和の初期から大戦開始以前の時期にかけて形成されてきた「思想内容」に注目して論じたものに、廣松渉『〈近代の超克〉論』（講談社学術文庫、一九八九）がある。

（5） 鶴見俊輔「翼賛運動の学問論――杉靖三郎・清水幾太郎・大熊信行」（『鶴見俊輔著作集』第二巻、筑摩書房、一九七五）一八八～一八九頁。なおこの論文の初出は、思想の科学研究会『共同研究・転向』（中巻、平凡社、一九六〇）である。ここで鶴見が「日本の政府の全体権力体系の中腹に場所をもらって」いたと批判しているのは、大局的な世界像をもたず、「いかなる全体的世界像にくみいれられるのか不明のままに部分品の制作に従事するという専門的学問主義」にくみする、「コマギレ派」のことである。南原の場合、大局的な世界像をもちながら、「全体の権力体系の中腹」に居つづけることができた稀な存在といえよう。

（6）南原の内務省生活と学問的業績との関係については、石田雄「南原先生と内務省時代」（『回想』所収）で簡単に触れられている。

（7）南原「何たるべきか」（『富山県教育会雑誌』第七二号、一九一八年一月一日。『著作集』未収録）三頁。

（8）南原、前掲『政治哲学序説』、四四～四五頁。

（一九九五・一・八）

南原繁の実存と学問——一九三六年の嘆きとその昇華——

1　嘆きの歌

「谷ふかき洞なかに火の燃ゆる見ゆ　さながらわれの生きて来にけり」
「あまつさへものを思ひてあり経つる　十年といふもあはれなるかな」
「うたがはず十年過ぎ来ていまのわれに　懺悔のこころ湧くといはむか」

一九三六年に詠まれたこれらの歌は、「明暗」と題され、南原の「実存の記録」である『歌集形相』（一九四八）に収められた。ここにいう「十年」とは、南原が、内務省を辞し学問人としての生活を始めてからのことを示している。この十年の間に、南原は、カントからフィヒテへと研究を進め、「フィヒテの政治理論の哲学的基礎（四・完）」（一九三一）においては、終生自らの哲学的立場とする「価値並行論」を成立させている。それにもかかわらず、南原にこの十年の学問的営為を嘆かせたものは何であったのか。

南原は生涯のうちにであった政治的事件について、「二・二六事件の朝は、その後の十二月八日の宣戦布告の日よりも、ある意味においては深刻だった」と回想している。この南原の状況認識に共通する回想を行なっているのが、同じ無教会主義にたつ矢内原忠雄である。矢内原は「中年の頃の一大転機を区切ったものは二・二六事件であった。……私は大学を去ったが、それは二・

二六事件を転機として始まった決戦のひとつの結末にすぎなかったのである」と語っている。南原が「明暗」として嘆きの歌を詠む契機となったのは、この二・二六事件であると思われる。矢内原の「決戦」は、学問人としてよりもヨリ「預言者」としてのそれとなったが、南原の戦いは、この『歌集形相』とともに学問人としての諸論文のなかにおいて行なわれる。南原は、この二・二六事件を契機として、なぜ自己の学問を否定されたかのように嘆き、そこから如何に戦いに転じ、自らの学問のなかにこの嘆きを昇華していったのか。

2 新しい問題

南原の論文年譜をみるとき、「フィヒテに於ける国民主義の理論」（一九三四）と「フィヒテに於ける社会主義の理論」（一九三九）との間に、ある中断をみることができる。南原のフィヒテ研究は、のちに体系的体裁を整え主著のひとつとして『フィヒテの政治哲学』（一九五九）にまとめられており、また南原自身「哲学的基礎」の発表当初から、国民主義とともに社会主義を論じる構想を示していた。これらは南原政治哲学の論理的体系的性格を表すものと考えられている。ところが、研究を進める過程に目を移してみると、ひとつの中断がみられるのである。「国民主義」と「社会主義」の論文の間には、「プラトーン復興と現代国家哲学の問題」（一九三六）と「基督教の『神の国』とプラトンの国家理念」（一九三七）という、南原のもうひとつの主著である『国家と宗教』の第一章・第二章を構成する二本の重要な論文が発表されている。ひとつひとつ積み重ねるように体系的に研究を進め論文を発表してきた南原が、この二本の論文をフィヒテ研究を中断してまで書かねばならなかった理由のなかに、嘆きからの学問的昇華を見出し得るであろう。では、このプラトンとキリスト教とに関する論文は、それ以前のフィヒテ研究とどのような連関を持つのであろうか。

南原のプラトン論は、まず同時代のゲオルゲ学派によるプラトン復興の世界観の批判に始まる。

「かような世界観はいかにそれが神秘的な光と生命とに充ちているとはいえ、人類文化の理想――現代がそれに向って進むべき標的ではないであろう。また、近代国家が多くの欠陥と誤謬を内包するとはいえ、以上のような国家観をもってこれに代えることは不可能であるのみならず、そのこと自体大なる危険を包蔵するものである。それが現代文化と国家に対する批判としての消極的意義について省みるべきものがあるにしても、積極的意義においては反立と混淆のほかにはないのである。この意味において、現代に叫ばれる国家の『危機』なるものは、現代国家自らの裡にあるというよりも、むしろこのような文化と国家観の提唱自体においてあると考えられる。」

ここで南原は、ゲオルゲ学派の世界観を現代文化と国家に対する批判つまり問題提起としての消極的意義を認めながら、積極的意義つまり問題解決の方法は、混淆であると退ける。つまり、現代国家を基礎づける「個人主義的世界観」そのものの持つ問題を認める一方で、この個人主義的世界観への批判の提唱自体のなかにヨリ重大な問題を見出しているのである。この二つの問題に立ち向かうこと、そしてより後者の「新しい問題」に比重のおかれた戦いが、ここに始まったのであった。

これに対して、前者の問題つまり個人主義的世界観のもつ問題を指摘し、その解決を考えてきたのが、これ以前のフィヒテ研究であった。そこでは個人主義的世界観の問題を、国家概念の貧困と宗教否定の傾向に見出す。個人主義的世界観の人格概念が自己存立の根拠を自己の裡に持つことの帰結である。南原は、この問題の解決として共同体主義的世界観を示す。それは、一方で「人間は共同体の存在と生命に関与することによってそれぞれ固有の個人的性格を受ける」という人間観を示して「政治的＝共同体」価値を定立し、他方で個人に対する他者という意味では共同体と同次元にある神を政治的価値と峻別し宗教の純粋性を保つ、というものである。それでは、個人主義的世界観への批判の提唱自体のなかに見出された問題とは、ここまでのフィヒテ研究のなかのどこからでてくるのか。その問題は、これまでの研究のどういう欠落をつくことで、プラトンとキリスト教とに関する論文へと南原を向かわせるのか。

南原においてフィヒテは、先に述べたように個人主義的世界観の問題に対して政治的価値と宗教とを構成しようとした人物として、その試みが評価される。しかし、評価されるのは試みであり、その結論は「神の国の政治的組織化」であったと批判される。つまり、宗教は、独自の文化領域を形づくらず文化の価値を超越するものでありながら、かえって内容的にはもろもろの文化領域に内在するという特質、換言すれば宗教の文化からの超越性と文化への内在性という特質のうち、とくに超越性という特質によって、政治と宗教との峻別を説くことでフィヒテを批判し、内在性については、具体的には展開していなかった。それは個人主義的世界観の人格概念に対して、共同体と神とが持つ意味を主張するという問題設定から導かれたものであり、個人主義的世界観の克服こそが課題であったゆえである。ところが、この個人主義的世界観に対する批判の提唱自体のなかに見出された新しい問題とは、政治への宗教の内在性の問題、まさに「国家と宗教」の関係の問題であった。そこで南原が対象としたのがプラトンの理想国家とキリスト教の「神の国」との関係である。ここに原始キリスト教が成立する精神史的過程をみることにより、共同体と宗教の内在性との関係の原理的な形を示すことを試みる。南原がフィヒテを論じるのではなくプラトンとキリスト教とに関する論文を書かねばならなかったのは、「国家と宗教」の原理的な関係を積極的に展開することが、新たに要請されたゆえであった。

3　国家と宗教

南原は、プラトンの理想国家を二つの側面においてみる。一つはギリシャ伝統の国民国家の形而上学的構成という側面、他の一つはギリシャ国民国家を超出し、キリスト教の「神の国」を予示するという側面である。前者はプラトン国家論の「内容」、つまり哲人政治を精神的貴族主義ととらえる見方であり、後者は内容ではなく、その構想した理想国家が、「天の彼方」での実現を指示したという二元的な世界観としての「形式」に着目する見方である。南原はこの形式にプラトンの価値を認める。そしてこの二元的な世界観という前提のもとで、その二元性の克服、理想国家実現への努力がいかに行なわれるかというところに、プラトン理想国家とキリスト教の「神の国」との相違を見出すのである。

南原によれば、理想の共同体実現のための努力のなかに共同体の紐帯があり、それを表現するのに同じく「愛」の言葉を使うにしても、プラトンにおける「エロス」とキリスト教における「アガペー」とは違うものとして示される。プラトンのエロスは、根底において精神の力として文化的性格を持つが、キリスト教のアガペーは、神に対する自己放棄を中心とする宗教的な性格を持つのである。そしてこの愛の性質の違いは、愛を担う主体の違いでもある。つまりエロスは知的認識にすぐれた精神的貴族を主体と考えており、アガペーは一般民衆を主体と考えている。これはプラトン以後、魂の彷徨を重ねた諸哲学が「一般人心の渇求を充たし得なかった」ときにキリスト教が迎えられた、あるいはキリスト教が、「ギリシャ・ローマ文化の潮流に打ちひしがれ抑圧されていた一般民衆にとっていかに大なる『革命』であったか」と南原が述べるとき、その主体としての「一般民衆」が強く意識されている。これは、南原が民衆を非合理的存在と位置づけているわけではない。理論的価値からは非合理的存在かもしれない。しかし、政治的価値からすれば共同体の主体として合理的な存在であると考える。その共同体の主体にとって宗教的性格を持つアガペーは、共同体の紐帯として不可欠なのである。理論的には非合理であろうとも、政治的価値実現のための共同体では、究極において宗教的信仰をその紐帯としなければならないのである。共同体の紐帯として宗教的信仰は不可欠であり、文化的紐帯とは区別されるものであることを、南原はプラトンの理想国家からキリスト教の「神の国」への精神史的展開のなかに見出したのである。この地点に立ったとき南原は、「その国の国家組織と哲学は、究極において、その国の神学――宗教的非合理性の問題に帰着するものと考えられる」ということができた。

「国家共同体は、それを構成する個人の自律、言いかえればその宗教的信仰ならびに文化的作業の自由の意志による内面的紐帯なくしては、決してみずからの自律性を確立し得ない。」

南原は、プラトンとキリスト教とに関する論文によって、共同体の紐帯を中心に政治的価値と宗教の内在性の積極的関係を論じることで、この確信に達したのである。

4　神政政治批判

南原がフィヒテ研究を中断して書いたのは、政治的価値実現のためには、究極において宗教的信仰をその紐帯としなければならないということを、原理的に示す論文であった。それは個人主義的世界観への批判の提唱自体のなかに見出された新しい問題に対する南原の批判を意味する。ゲオルゲ学派に代表される国家観においては、国家権力者の把握するカリスマ的権威とこれに対する国民の側からの「信仰」の関係があるのみであるという。そこにみられる「信仰」は、南原の考える「宗教そのものは価値を形づくらず文化の価値を超越する」という宗教から導かれる信仰とは異質の「権威信仰」である。それは、国家が宗教を独占しすべての価値の根源となる神政政治思想である。南原がこの神政政治思想に対して行なった批判は、国家と宗教との結合を批判しその峻別を説く超越的批判ではなく、神政政治思想における「宗教」を疑似宗教として批判しながらも、あくまで宗教的信仰を共同体の紐帯として認め、正当な場所を確保しようとする内在的批判であった。

このような内在性は、皮肉にも祖国が神政国家の様相を増すなかに南原自身が生きることで獲得されたといえる。「国民主義」の論文では、「暗い憐れな愛国主義」に対して、世界民主義に連なる「明晰な愛国主義」を主張することで批判たりえた。少なくとも南原は、祖国が世界民主義に連なる方向に進む可能性あるいは希望が残っていると認識していたからである。しかし、「十年」を否定されたときからその望みを失っている。なぜなら、時代がある方向に進むのを感じ取ったからこそ、その方向に内在する問題、新しい国家観の提唱自体を批判しなければならなくなったのである。

南原にとってそれは嘆きを伴わずに行なえることではなかった。南原にとって祖国日本は政治的価値の現実態としての「国民国家」であった。その祖国が自らの批判した「暗い憐れな愛国主義」への道を進み神政国家の様相を顕にしたとき、学問人として認められる国民国家を喪失する。南原の嘆きは、自らの学問と現実の祖国との関係を見失った嘆きである。しかし自らの学問の生命を失わないためには、この現実を意味づけることが必要であった。それが個人主義的世界観に対する問題提起としての「消極的意義」という意味づけであり、一九三六年以後、この嘆きを昇華すべく、政治的価値と宗教の内在性の積極的関係についての諸論文において、南原の戦いは行なわれる。

（一九九六・一〇・一五）

第二部　学問と思考様式

南原繁における学問的方法と「共同体」論の成立

1　問題の所在

「人がいかなる哲学を選ぶかは、彼がいかなる人間であるかに依存する。なぜならば、哲学体系は、われわれが意のままに取りはずしたり、また取りつけ得る『死せる家具』のごときものではない。それは人間がそなえている精神によって魂を吹き込まれたものである。[1]」

晩年の南原繁がフィヒテのこの言葉を引用し、若きフィヒテの精神の形成を論じている(『フィヒテの政治哲学』一九五九、第二部第一章)。南原が、『国家と宗教』(改版、一九五八)、『フィヒテの政治哲学』、『自由と国家の理念』(一九五九)、『政治理論史』(一九六二)と自らの学問的営為をまとめていた時期に書き下ろされたものであるだけに、南原自身の思想形成も二重写しになっているように思われる。南原の政治哲学の体系がほぼ成立するのは、最初の論文「カントに於ける国際政治の理念[2]」(一九二七)から、「政治原理としての自由主義の考察[3]」(一九二八)を経て、「フィヒテ政治理論の哲学的基礎[4]」(一九三〇、三一)においてであると考えられる。本論では、完成された体系からみるのではなく、その構築の軌跡を南原の課題に即して形成の場において検討することにより、改めて体系の意味を考えてみたい。哲学体系が「人間がそなえている精神によって魂を吹き込まれた」ものであるとすれば、いかなる精神によって魂を吹きこまれたものであるのかを解明せずして、それを継承することはできないであろう。

南原は、哲学体系における宗教の位置づけの重要性について、フィヒテ論の総括ともいえる「国家と経済――フィヒテを基点として」（一九四二）において「人間文化の全体生活に於て『宗教』がいかなる関連に於て考へらるべきであるか、世界観乃至哲学体系は根底に於て必ずやこの問題を決定しなければならぬ。(5)」と述べるに至る。これを踏まえ、本論では南原における内村鑑三からの信仰の継承にウェイトをおいて検討してみたい。一九二一（大正一〇）年、労働問題、社会問題を世界観の問題として考えるべく内務省から大学に戻った南原が、人間を自我の根底まで追究し「共同体」論として自身の学的世界観を構築するという課題に取り組んだ軌跡から、その学問的世界を明らかにすることが本論の課題である。「カントに於ける国際政治の理念」と「フィヒテ政治理論の哲学的基礎」が主な考察の対象となる。

2　方法の確立と「共同体」論

(1)　認識主体の自覚と対象――「カントに於ける国際政治の理念」――

まず、南原にとってのカントとの出会いの意味から確認していきたい。南原は冒頭に引用したフィヒテの思想形成に関する論文において、フィヒテにおけるカント哲学の受容による「一元的思惟体系」から「『人間自由の世界』の発見」を次のように記している。ここから、南原がカントと出会い、「カントに於ける国際政治の理念」を書き上げ、自らの学問の方向を定め、生涯の使命を見出していったことを読み取ることができるのではないだろうか。

「これ(フィヒテの当時の世界観的描写)を一つの哲学ないし世界観として見れば、……その盛られた精神的内実のいかに敬虔な宗教的信仰にもかかわらず、一般に当時の哲学的思惟方法としては、人間的自我をふくめて、自然と人生との一切の事象を因果必然の法則によって貫く一元的思惟体系にほかならない。したがって、フィヒテの能動的な行への意欲と衝動も、結局、万有を支配する秩序に対する認識と、それによって客観的に制約された内的衝動以外のものではあり得ない。その結果は、彼のごとき意志と行為の人格も、根本においては非人格的な客観的世界秩序の一環と選ぶところはない。ここに、若きフィヒテの精神の不安と苦悩の原因があり、同時に彼の生涯の使命の未発見を物語るものがある。[6]」(丸括弧内および傍点は引用者。以下同じ)

そして、「フィヒテをこれまで束縛していた決定論的世界観」を克服して、「時代の哲学的思惟方法からの全面的転回」を遂げた姿は、次のように描かれる。

「これまで自然必然の世界秩序の連関のなかに繋がれていた人間は、いまやその鎖を断ち切って、新しく人間自由の世界を発見したのであった。理論的知識の領域において、われわれの認識は、従来の思弁哲学の考えるごとき、単に所与の実在の受動的な描写ではなくして、カントの批判哲学の告げるところによれば、それ自体、人間思惟の構成の所産であって、人間自由の行にほかならない。……それとともに、実践道徳の領域においても、これまでのような遂に避けることのできない決定論的帰結から免れて、たとい客体的諸物の連関のなかに置かれる者にも、奪われることのない人間意志の自由の自覚と確信が明らかにせられた(7)。」

ここでは、カントとの出会いによって二つの「自由」を獲得していることが確認できる。ひとつは、認識とは「所与の実在の受動的な描写」ではなく「人間思惟の構成の所産」であることであり、もうひとつは、実践の領域において「決定論的帰結」から免れ「意志の自由の自覚と確信」の世界が明らかにされたことである。すなわち、「自然必然の世界」と区別された「人間自由の世界」においては、存在の認識も「人間思惟の構成の所産」であり、当為とそれへの実践も、たとえ「客体的諸物の連関のなかに置かれる」としても、「意志の自由の自覚と確信」は「奪われることのないもの」である。さらに続けて次のように述べる。

「その基礎の上に、われわれの対象とする政治社会の領域こそは、この新たに獲た人間の自由が現実世界との最もきびしい対決の場であり、ここでの課題は自由の理念をいかにして最後の勝利にまで導くかということであった。そして、それがいかにして可能であるかを、学的根拠の上に証明することは、哲学の重要な問題であると同時に、まさに時代の根本課題であったのである。もともと、下層階級から身を起し、多くの人生苦と社会苦を知っている上に、一面、意志と行の人であるフィヒテと、他面において、理論的思索を愛する内面的孤独の人との性格が、いまや一つに融合して、全人格を傾けて、開拓するに値する世界がそこに横たわっていた。それは若きフィヒテにとって実に天来の啓示であり、ここに初めて自らの生涯の使命を見出した彼の歓喜を想像することができよう。[8]」

フィヒテは政治社会の領域に「自由の理念」を実現させていくことがいかにして可能であるかを「学的根拠の上に証明すること」に「生涯の使命」を見出した、と南原はいう。南原におけるカントとの出会いの意味も、この南原による若きフィヒテの生涯の使命の発見の叙述に重ねて読み取ることができるであろう。

「自然の世界」と「自由の世界」との二元的世界観に基づき、認識が「人間思惟の構成の所産」であること、つまり認識主体としての自覚を持ったうえで、南原は「カントに於ける国際政治の理念」に取り組む。この論文では、カントの政治法律論は「単に老後の述作」ではなく、カントの「全哲学組織に於て思惟発展の必然的関連を有し、之れに依りて全哲学思想が完結[9]」されるものとして体系において捉えられ、「政治上の最高善」として「永久平和の国[10]」を政治上の理念として見出し、そのもとで国際政治秩序原理とその実現への道について述べている。これは、「人間」を起点に、人間相互の共同体、個人における道徳と宗教の関係、共同体と神の関係、これらの内的自由の問題から外的生活すなわち法律国家論へ、そして国家相互の関係である国際政治論へと展開して導いたものであった。そして、これは「多くの人々に依りてカントの国家法律論が倫理説と共に個人主義の学説であるとの見方」に対して南原が「直ちに賛同し能はざる」[11]として個人主義を超えるものを読み取ったことによるものである。

　しかし南原は、カントの論理構成が道徳論の「応用」であることに満足しない。道徳論の応用とは、まず出発点が、「『人間其者』『人格』の観念」は「人間の理念」であって「人類が仮令唯一個的実在者」である場合を想定しても妥当する概念であり、そこでは「人間が仮令道徳法則の前に唯一者」[12]である場合にも自己自身に対して必ず遵守しなければならないという道徳論である。そこから「道徳は独り個人道徳に非ずして、必然に人格者相互の関係たる共同体の倫理」[13]へ、法律は道徳の「外的社会生活への応用と解すべき」で、「道徳の国が内的自由の共同体」と称しうるとすれば「国家は其の必然なる自由の外的形式としての法的共同体」[14]、さらには「徳と幸福の二律背反の解決と、同じ論理的類推に於て解決し得べく、而してそれは実に政治上に於ける人類の最高善としての『永久平和』の観念に於てゞあると、私は思ふ」[15]というように、個人道徳を出発点に「応用」と「論理的類推」によって対象を広げて展開したものであった。

　この問題を特に南原が指摘するのは、永久平和の国の政治組織、つまり国際政治秩序原理の問題における「世界連邦国家」の理念を述べるときである。「世界連邦国家」は「世界国家」と「国際連合」の総合として考えられている。「世界国家」は「個人が国家を組織したる比論に於て、人類が世界公民的共同体として一個の世界国家憲法の下に統一さるゝことであつて、該組織と個人との間に中間団体としての諸国家組織の廃止を意味する」。これに対して「国際連合」は「各具体的国家の自由意志に依存する諸国家間の組合的連合であり、窮極に於て国家主義の政治原理を未だ超克し得たものでない[16]」。南原は、「国際の連合主義は普遍的連邦主義に改めらるゝことに依り、世界主義と近世国家主義の批判的結合として克く国際政治秩序の原理たり得べく、之れに根拠して人類共同体の普遍的政治組織として『世界連邦国家』の理念が要請せらるゝと私は思ふ[17]」と述べる。その理論的根拠について、次のように述べるのである。

「私の説いた『世界連邦国家』の観念の理論的根拠は、独り実践理性の法則とそれに根拠する政治論を以てはそれを説明し尽すことは困難であらう。……民族国家主義が世界国家主義と結合して政治上の原理たる為めには、一方に形而上学的実在としてゞなく人間の全体的結合としての『民族』を考へると同時に、単に歴史的文化に非ずして之れを哲学的理念の問題として諸民族を文化理想努力の統一的共同体として考へ、而して終局に於て地上の凡ての人間の全体的共同体として『人類』を観、之れに於て人類文化理想の完成を要請すると共に、他方に文化価値に根拠して国家法律を考へ、諸民族及全人類の共同体に於ける政治秩序及組織の原理を究明するは其の一の方途であると思ふ。[18]」

「独り実践理性の法則とそれに根拠する政治論」に代わる、道徳論の応用ではない「文化価値に根拠」する政治とは何か。南原におけるカント論からの課題である。

また、南原は、カントの宗教論が「宗教の歴史的具体性及非合理性を排斥する所の理性宗教たる当然の帰結として、其の神国観は道徳の応用に過ぎざる所の『徳の法則に従ふ共同体』論に外ならぬ」、このような宗教の批判的構成は「信仰の精髄を逸し易くして、単に道徳的教養となるの傾向は之を否み難い」として次のように批判する。

「其（カント）の説きたる神の国と、況んや初代基督教の純粋福音主義が要請したる神の国との間には、明らかに大なる乖離が存する。凡そ上述の如き倫理的神国観は、徳と徳に値する幸福の結合としての倫理的最高善の国であつて、未だ人格的価値を超越せず、価値なき者が価値づけられ、価無くして享受する所の『恩恵の国』でない。又其の基礎は寧ろ意志の自律と義務の法則に根拠する寧ろ『人間の業』としての信仰にして、『神の業』としての絶対の信頼と愛に於て存しない。又単に実践的原理に基き人間の裡に内在する所の『地上に於ける神の国』たるに止まり、其の完全なる具体的実現の可能を未来に於て要望する所の『天の国土』ではないのである。[19]」

「彼が認識論に根拠して在来の思弁的形而上学的なる宗教論を否定したる学的功績は之れを認めなければならぬ。又其の積極的基礎を実践道徳に求めたることも理由あることであつた。何となれば宗教は何よりも実践的行為と其の心情に関するが故に。然れども之れに依りて宗教の核心が道破せられたと言ふは誤であり、寧ろ信仰の本質は闡明せられてなく、反て彼は信仰を理性化し道徳化するの多くの危険を冒した[20]。」

カントの「自然の世界」と「自由の世界」との二元的世界観に基づき認識主体としての自覚をもった南原は、カントにおいて、内的世界として個人道徳、共同体倫理、それぞれと宗教との関係、また外的世界として個人・国家・国際関係、国際秩序原理、そして歴史哲学と、自らの学問の対象とする諸要素が展開されているのを見た。しかし、その論理構成は、道徳論の「応用」あるいは「同じ論理的類推」として関係づけられていた。そこから、「独り実践理性の法則とそれに根拠する政治論」に代わる「文化価値に根拠」する政治論への志向を示し、「初代基督教の純粋福音主義」を基準としてカント宗教論を批判している。しかし、その内容についてはまだこの論文では具体的には論じられていない。

(2)「愛と正義の信仰」——内村からの継承——

カント宗教論に対して南原は「初代基督教の純粋福音主義」との乖離を述べているが、南原にある「初代基督教の純粋福音主義」とは何か。ここでは、主に『学問・教養・信仰』(21)（一九四六）の「内村鑑三先生」に、「第一 人」、「第二 著作」、「第三 追想」としてまとめられた三編（初出は順に、一九三一、一九三四、一九三五）や、「内村鑑三先生生誕百年に思う」(22)（一九六一）における南原の回想を手がかりに、「カントに於ける国際政治の理念」（一九二七）から「フィヒテ政治理論の哲学的基礎」（一九三〇、三一）に向かった時期の南原が内村から継承していた信仰について、その特質、方法、担い手、状況認識という点から触れておきたい。

まず、「初代基督教の純粋福音主義」の具体的内容について消息を伝えるものに、「内村鑑三先生生誕百年に思う」のなかの、キリスト教の福音と親鸞の教えとの間の相違に触れた次の文がある。

「私の思い起すのは、大正六、七年の交、倉田百三氏の『出家とその弟子』という戯曲が出版されたときのことである。……私は当時、北陸の或る地方で郡長を勤めていたが、これを読んで深い感銘を受け、郡内の学校教師や青年に推薦したものであった。用務があって上京した機会に内村先生をお訪ねして、このことを話したとき、先生はこの本を読まれたか、あるいは誰からかその梗概を聞かれていたと見えて、大いに同感を表されたが、終りに言われたことは、唯われわれと違うのは、あの中に『十字架』がないことであると。これは味うべき深い洞察であると思う。もし、イエスの教えが無限の愛と慈悲だけを説くのであったら、いま少しく多く日本にも迎えられ、世と妥協し得たでもあろう。しかし、愛と同時に『正義』――峻厳な神の義を強調するところに、大きな特質がある。ただ唱名を唱えることによって罪が赦されるというのでなく、それには大きな『犠牲』を必要としたのである。[23]」

ここでは南原が内務省に在職し富山県射水郡長をしていた一九一七、八（大正六、七）年頃を回想しながら、内村の信仰が「唱名を唱えることによって罪が赦される」「無限の愛と慈悲」のみの宗教ではなく、「愛と同時に『正義』――峻厳な神の義」を強調するところに大きな特質があるとしている。「愛と正義の信仰」は、内村自身の言葉では、例えば、「羅馬書の研究　第二〇講　神の義（四）」（『聖書之研究』、一九二二年九月一〇日）において、次のように述べられるところのものである。

「神は罪人を赦さんと欲す、併し罰なしには赦し得られない、もし罪人に対して正当なる罰を以て臨まんか人類は誰一人として亡滅の否運を免がるゝを得ない、併し乍ら是れ神の人に対する愛の忍びがたき処である、義のためには罰せねばならぬ、愛のためには赦し度しと思ふ、滅ぼすべきか生かすべきか、永遠の死か永遠の生か、永遠の否定か永遠の肯定か、永遠の暗黒か永遠の光明か、永遠の呪詛か永遠の祝福か、永遠の悲哀か永遠の歓喜か、永遠の絶望か永遠の希望か……孰れを選ぶべきか事は頗る至難である、一を選ぶ時は他を棄てねばならぬ、一を棄てゝのみ初めて他を選ぶことが出来る、義を立てんか愛を行はんか、この相納れぬ二つを一に納めることは、恰も火と水とを抱いて両者の共に全きを計る類である、これ人には到底出来ぬことである、然るに『人の為し得ざる所は神の為し得るところ』〔ルカ十八の二七〕である、神は『その生み給へる独子』を世に遣はし、彼を十字架につけ、彼にありて人類の凡ての罪を永へに処分し、以て人の罪の赦さるゝ道を開き、我等彼を信ずる者は彼にありて罪を罰せられ、彼にありて義とせられ、彼にありて復活し得るに至つたのである、げに人の思ひに過ぐる偉大なる智慧よ！　あゝ神の智と識の富は深いかな、彼はこの至難なる難問を其独子の降世と受難とを以て見事に解き給ふたのである、ために義も立ち又愛も行はる、罪は罰せられそして赦さる、人は亡ぼされそして又永へに生くる、人はキリストにありて永遠に亡ぼされ、そしてキリストにありて永遠に生くるのである。[24]」（角括弧内は原執筆者。以下同じ）

愛と義の「相納れぬ二つを一に納める」、「この至難なる難問を其独子の降世と受難とを以て見事に解き給ふた」、これにより「義も立ち又愛も行はる、罪は罰せられそして赦さる、人は亡ぼされそして又永へに生くる、人はキリストにありて永遠に亡ぼされ、そしてキリストにありて永遠に生くる」のである。義と愛と、罰と赦しと、死と生と、否定と肯定と、絶望と希望と、この対立を解いたのが「十字架」であり、このことを南原は「神自身が正義のためにその一人子を人類の罪に代って十字架にかけねばならなかったこと、それなしには人類との和解ができなかった」、「だから、人間の側には、イエスの十字架を仰ぐことによって罪が贖われるとともに、それぞれの十字架を負うてイエスに従うことが要求される」[25]と受け止めている。内村の説くキリスト教の福音の特質として「愛と正義の信仰」は、四〇年以上後に内村生誕百年を期に紹介されるほど、否、「いま少しく多く日本に迎えられ」なかった理由として挙げられるほど、南原の根底に残ったものであった。親鸞の教えとキリスト教の違いを内村は、「弥陀宗の根柢は慈悲であるが福音の根柢は『義』である、前者は徹頭徹尾慈悲の上に立ちて慈悲を通徹せしむる宗教であるが、後者は飽くまで義の上に立ちて慈悲を築成する宗教である」[26]と説明している。しかし、内村は「来世本意の信仰に於て、我国の法然や親鸞の方が、今の米国宣教師よりも遥かにイエス、パウロに近くあった」[27]とも述べており、本質的な異質さを理解しながらも、「来世本意」の「信仰のみ」の態度は、宗教が現世の社会事業と同一視される傾向があるなかで、信心の態度においては法然や親鸞に親近感を示している。[28]あくまでも「相納れぬ二つを一つに納める」「愛と正義の信仰」が特質である。

　次に、内村が信仰を形成した方法、現実に対する態度について南原は、「わが内村先生においては、思索と論理によって到達したる結果ではない。実に、その全人格と生命のすべてをかけての生活の実験の結果である。世のあらゆる悩みと迫害との戦のなかから、その愛する日本の国と人とに呼びかけた信仰の証示である。[29]」と記している。「生活の実験の結果」、すなわち現実との不断の戦いによって導かれたものである。この「実験」による現実に対する態度について内村は、「事実の子たれよ、理論の奴隷たる勿れ、事実は悉く之を信ぜよ、その時には相衝突するが如くに観ゆることとあるとも、敢て心を痛ましむる勿れ、事実は終に相調和すべし、其宗教的なると科学的なると、哲学的なると実際的なるとに関はらず、すべての事実は終に一大事実となりて現はるべし、我等理論の奴隷たるが故に屢々懐疑の魔鬼の犯す所となるなり、神の言なる事実にのみ頼て、我等の信仰は磐石の上に立て動かざるべし。[30]」と述べている。ここには、宗教的、科学的、哲学的、実際的にかかわらず、つねに事実の上に立たなければならない、なぜなら、事実こそ神の啓示であり、真理だからである、いまは相矛盾するようにみえても、事実の上に立つかぎり、ついには真理の一大事実に到達しうるとの信仰を読み取ることができる。[31] ここに言う「事実」は、自己の既存の認識の枠組みとは相容れない、矛盾するものであっても、それはそれとして事実であり、その意味を考えていく必要がある、それを続けていくことが「全人格と生命のすべてをかけての生活の実験」であり、現実に対する態度であるといえる。

そして、「愛と正義の信仰」を根底に持ち、現実に「実験」によって対していたと南原が見る内村が、「余は日本の為に」の「日本」、「余は二つのJを愛する」の「Japan」の、その担い手として期待したのは次のような人であったと南原は語る。

「一人の『人』として、一『キリスト者』として抱かれた、このような（内村の）信仰は、神に対する無限の信頼、自己の罪に自覚して主の救いを『ただ信ずる』の信仰である。先生が人として克己修養の人でなかったと同様に、その信仰は決して道徳的修養の類型ではなかった。それは『倫理的』宗教として、『儀式的』『芸術的』宗教とともに、先生の排斥するところであったことは、『絶筆』として書き残されたところによっても明らかである。ただここに私がそれに註して附言したいのは、いま一つ『知識的』信仰、もしくは『思想的』宗教でないことである。私はこのことを言って、先生の真意を傷つけるものでないと信ずる。人は知識と思想を求めて柏木に来る。柏木は宗教大学であるとは誰の云いなした皮肉の言か。しかし、先生がかえって愛し求められたものは、むしろただの人間・無名の人・世のつまらぬ人・労働の人のごときである。恩師の危険視されたものにして、学者ことに若い学徒のごときはない。いわゆる背教者はこの群から続出したのである。信仰は決して世のいわゆる『研究』や『知識』ではない。……人もし先生の優れた頭脳や該博な知識を見て、それが先生の信仰を育て固うした秘訣であるかのごとく想うならば、大なる誤というべきである。科学も哲学も先生には生々のいのちを盛る器、永遠の真理の纏う衣に過ぎなかったのである。[32]」

南原が見たのは、倫理的、儀式的、芸術的、知識的、思想的宗教を批判しつつ、「ただ信ずる」の信仰をもつ「ただの人間・無名の人・世のつまらぬ人・労働の人」に期待を寄せる内村の姿であった。[33] それは、内村の「日本国民の最も善き部分は都会には居らない、若し日本国を取らんと欲せば、都会を去て田舎に行くべきである、……何事も鋤《すき》と共ならなければ永久に栄えない、自由も爾うである、福音も爾うである。鋤と共に人の心に鑿込《ほりこ》まれて、福音は国の生命となるのである、故に最も注目すべきは都会に於ける学生伝道ではない、田舎に於ける百姓伝道である、爾うして余輩は前者にまさりて後者を撰む者である」[34]という言葉と対応するものであり、このことは南原自身が大学卒業後、「実際の生活と結びついた政治」[35]を志して、内務省に入り射水郡長として赴任したことにも通じている。南原の郡長在任は二年弱ではあったが、郡内町村長会議では自治制の真義について、「自治政の向上は……制度施設の完備にも由るに非ず只人心の和合に待つこと切なり自治団体を組織する各人各機関が斉しく無私の心を以て互に相倚り相扶け斯て団体の自力を以て其の全部の義と幸福を企図し進んで国家社会の健全なる基礎を構成するは蓋し自治民人の信仰たるべく自治制の真義此に在りと思惟す」[36]と語り、農業公民学校の設立や下条川沿岸排水事業など生活と生産のための具体的事業を通して郡治の理想に共働する底辺に籠城する人々の実在を確認している。例えば、射水郡小杉町の素封家味噌醤油醸造業片口安太郎（一八七二〜一九六七、南原の離任後小杉町長、県会議員などを務める。）との出会いについて、「縁あって、私が若きころ射水郡に赴任したとき、翁は不惑、四十を超えたばかりであったかと思う。ここでこの人に出合ったことは、たしかに私の人生における一つの『発見』であった」[37]と南原が述べるのは、底辺にあって「自治民人の信仰」をもち、地域共同体において無私の心で働く人々が実在していることの「発見」であったと思われる。

また、射水郡経営の次に取り組んだ労働組合法案は、南原にとっては社会問題を世界観の問題として考え内務省から大学に戻る契機となったが、当時内村が述べていた労働問題に対する基督者のとるべき態度についての次の記述は、南原が取り組んだ法案作成とは異なる位相であるが、現実における主体の態度を内村が具体的に記したものとして取り上げてみたい。内村の「羅馬書の研究　第五三講　政府と国家に対する義務」(『聖書之研究』一九二二年九月一〇日)の文章であり、すでに南原はこの前年五月に内務省を辞している。

「今これを近時むづかしき問題となりつゝある労働問題について考へて見よう、今や労働者は資本家の横暴残忍を攻撃し、資本家は労働者の怠慢無謀を攻撃してゐる、我等基督者は資本家が横暴なれば労働者に同情する、しかし又労働者があまりに無謀なれば資本家に同情する、基督者はあらゆる場合に於て正者の味方である、併しもし彼が資本家の一人であるならば労働者の暴挙のために損害を受けても之をあまり問題としないのである、又労働者の一人であるならば到底熱心に資本家攻撃に従ひて収入増加のために奮闘するの心を起し得ないのを当然とする、……愚かなる怒や自己の小利害の故に此世に於て争を起すことなきが基督者の健全なる状態である、勿論神のため、又平和のため大なる運動を起し又はそれに携はる場合がないとは云へない、けれどもそれは稀のことである、平素は平和、服従、秩序、権能、尊重の民たるのである。[38]」

「愚かなる怒や自己の小利害」ではなく「神のため、又平和のため」に動く場合はある。しかしそれは「稀のこと」である。そして、「義のため愛のため」の戦いもあるが、「甚だ稀」であり、それによって日常の場合の反抗が正しいとはならないとし、「政治の非違その極に達して民皆苦む場合の如きにも、基督者は平和的手段にのみ訴ふべきである、先づ謙遜と静和とを以て権能者に向つて抗議すべきである、幾度も幾度も繰返して抗議し、其他平和を超えぬ範囲に於ては凡ての道を取るべきである、百折不撓の心を以て目的の貫達を祈るべきである、併し乍らその目的が達せられずとて武器に訴へての叛乱を起すべきではない」とする。さらに、基督者が正義のために抗議してそれが罪に問われる場合、「己の命を求めらる、場合は已むを得ず叛乱を起すべきか」と問い、「否か、る場合には権能者の命のま、に我生命を差出すべきである、この点に於てはギリシヤの哲人ソクラテスは多くの基督教徒以上に基督的であつた[39]」とソクラテスの態度が引証されている。

南原は一九三〇年四月、『聖書之研究』誌上に「プラトンの理想国とキリスト教の神の国(上)[40]」を発表する。そこではプラトンを論じながら、「二元の世界の彷ひに於ける魂の悩み、然し同時にそれを通して唯一完全なる相に於て全知者に見ゆる悦び、そはプラトンに在りて最も感銘深く叙せられてある所の『愛《エロス》』である。而してそれには峻厳なる『義』の精神が欠けはしなかつた」と述べ、その『義』の精神について、「ソクラテイスが如何に毅然として正義を守り、霊魂の不滅と死後の義しき審判に就いて語れるか、其の厳粛なれども慈愛に漲る光景の中に如何に殉教者の最期が閉ぢらるゝかを、人は襟を正さずしては読み得ないであらう」[41]と記す。労働問題の例示から説き起こされたソクラテスとは異なるが、正義のもとでの主体の態度と見れば、内村からの継承の一端と考えることができるのではないか。少なくとも、「カントに於ける国際政治の理念」（一九二七）と「フィヒテ政治理論の哲学的基礎」（一九三〇、三一）の間に書かれた一九三〇年四月の時点でのこのプラトン論に「愛と正義の信仰」が意識されていることは確かである。

信仰の継承は、現実に対する状況認識、批判の継承でもある。内村は「義の宗教」（一九二一）において、「愛と義」の観点から次のように「近代人」を批判していた。

「平和は貴むべくある、然し乍ら義に由る平和のみ貴むべくある、愛は慕ふべくある、然し乍ら義に由る愛のみ慕ふべくある、義に由らざる平和は平和に非ず、義に由らざる愛は愛でない、基督教は単に愛を教ふる宗教ではない、義を満足させる愛の宗教である、其れが故に特に貴いのである、……近代人は義を避けて愛を解せんとするが故に真の愛を解し得ない、凡て深い愛の人は強い義の人であつた、基督教の神は焼尽す火である、故に其愛は宏遠無量である、怒らざる罰せざる愛は偽りの愛である。[42]」

この内村の「義を避けて愛を解せんとする」「近代人」批判[43]を南原はどのように受け止めたか。

「われらの裡に巣喰う『近代人』の標徴は何であるか。『自己』である。往々にして神の名にさえ隠れての『自己』である。『他者』と『絶対者』のためでなくして、利己的な『個人』が中心である。神をも『自己』から求めるのである。そうしてそれを『知識』によって企てるのである。〔私自身いかに長く近代人として、そこを低徊していたことであろう。〕……恩師の忌み嫌われたものにして『近代人』のごときはない。それは自己中心の生活であり、主観主義の精神である。(44)」

「私自身いかに長く近代人として、そこを低徊していたことであろう」という南原自身の経験について、内村からの言葉を次のように回想している。一九三一年の文章であるから、文中の「数年前」は、「カントに於ける国際政治の理念」（一九二七）、「政治原理としての自由主義の考察」（一九二八）、あるいは「フィヒテ政治理論の哲学的基礎」（一九三〇、三一）に取り組んでいる頃のことと思われる。

「数年前、私も人生の険路に行き悩んで恩師を訪れたことである。人間として様々の苦難をつぶさに嘗められた恩師が心からなる同情をもって慰められた。その時言われた言葉のなかに『要するに自己を棄てること、自己に死ぬことである』と。これは考えれば考えるほど深い意味と大なる力の言である。しかり『自己を棄てること』『棄てて人のために与えること』である。それを行為することである。これが『愛』である。[45]」

南原は、以上のような内村から継承した信仰の世界――その特質、方法、担い手とその態度、自らの内面と深くつながる状況認識――を基底に持ちながら自らの学問的世界の構築に向かったと考えられる。一九三五年の文章で、内村を「政治の理想を体得し、政治家たるの叡智を理解したのは先生であったであろう。何故なれば、人間と国民との拠って立つ原理を明瞭にし、祖国と人類の帰趨を指示したのは先生であるから。その思想の体系と結構とはなくとも、明らかにプラトン、アリストテレスの流を汲む近世理想主義政治哲学の精神を確然と把持したのであった。否、それを自らの実践において生き戦い、そしてそのために死したのは先生であった[46]」と評する地点に向けて、「愛と正義の信仰」を基底に「近代人」の「自己中心の生活」・「主観主義の精神」を批判し、学問の世界において学問の言葉で、体系の構築へと向かったのである。

(3)　方法と体系の成立――「フィヒテ政治理論の哲学的基礎」――

①思考態度としての「非我の論理」と「愛と正義の信仰」　カント論において、自然と自由の二元的世界観とそのもとでの認識主体としての自覚から政治をめぐる諸要素をみてきた南原は、実践理性の法則に根拠する政治論を克服して文化価値に根拠する政治論を目指しつつ、「初代基督教の純粋福音主義」を体系に位置づけることを課題としていた。この課題に南原はフィヒテを

対象に取り組む。南原にとって「カントの後に残された問題」を、「カントの批判主義に最も多く忠実に根拠」しながら新たな道を切り開こうとしたのがフィヒテであった。カントは理性の批判によって認識・道徳・審美の「人間文化の諸領域に於て各々固有の価値原理をうち立て」たが、分立する世界の間の総合は「『実践理性の優位』と『自然の合目的』の理論」によって企てられたのみであった。「残された問題」とは、そこから「理性一般の本質を突き詰めて、唯一の原理から理性の諸能力に統一を与へ、更に文化の全体系を作り出[47]」すことであった。「専ら人間理性に根拠して人間と世界の一切を挙げて合法則的秩序に於て理解」しようとする「合理主義哲学の完成者[48]」カントから、合理主義に欠けた「統一的総合の精神と非合理性の問題」を含む「浪漫主義の先駆者[49]」フィヒテ、「民族・国民、その歴史等の非合理的要素を合理的に把握し、批判的理論[50]」を導こうとしたフィヒテへ向かうことによって、南原は自らの課題に取り組んだのである。

そこで南原は、フィヒテ知識学が実践道徳的から宗教的形而上学へ、それに基礎づけられて政治論が道徳的政治論から宗教的政治論へと転回していくなかに、体系構築のための諸要素を見出し、その関係のあり方を考察していく。その際に、基点となったのが、フィヒテ知識学における次のような「根本観念」である。

「自我は非我を前提とし、それを規定することに因りて自己自身を定置する。之れ自我の純粋なる自由活動であるが、自由活動は常に非我の対立を前提とし、その故に自我は制限せられたものである」[51]

この「自我と非我との関係の論理」（「非我の論理」[52]）は、「自我」と「自我を制限する非我」との対立と、自我によるその克服の運動の精神として持続的に続けられるものである。そして、自我と非我との関係は、「一方には非我に依る自我の規定、他方には自我に依る非我の規定」があり、前者は「自我の『理論的』関係」であり、後者は「『実践的』自我の関係[53]」である。

フィヒテ論において自我と非我との関係の論理から導かれる体系は、カント論に見られた道徳論の応用による論理構成と明らかにその性質が異なるものであった。それは、対象への接近方法・思考態度として、道徳論の応用では個人が出発点であり、そこから対象を人間相互へ、内的自由から外的自由へ、国家相互の関係へと、個人を中心にそれぞれに「応用」し広がっていくものであったが、ここでは、出発点は「自我と非我との関係」である。常に自我の制限・否定の契機を含む非我との関係という視点から対象に接近・思考することになる[54]。この自我の制限・否定の契機への着目の根底には、先に見た「自己を棄てること、自己に死ぬこと」という内村からの言葉があると考えられる。あくまでも信仰の言葉ではあるが、南原はカントの「形式の哲学」からフィヒテの「実在の哲学」へ、そしてフィヒテ哲学の前期から後期への転回の過程のなかにこの自我の制限・否定の契機の展開を見ることによって、文化価値に根拠する政治論と「初代基督教の純粋福音主義」を体系に位置づけ、自らの学問的世界を構築していったと考えられる。それは学問体系のなかに無私の心によって故郷において尽力する人々の精神、内村の説く主体を位置づけるとともに、信仰に支えられた南原自身の学的営みを位置づけることにも通ずるものであった。

フィヒテにおいては、自我と非我との関係から「『他者』の概念が立せられ、それは遂には『絶対他者』としての神にまで導き」、「後期知識学の発展に於て、遂に国民国家が斯る絶対他者としてさへ形成[55]」されるに至る。その中でこの否定の契機は、「他者」、「宗教的愛」、「祖国愛」との関係において、例えば、次のように記されている。

「然るに今、自己の外なる理性的存在者『他者』が承認せられたことは、正に自由の活動のかゝる衝動の根拠の発見であり、自我の活動の根拠は最早その否定を意味する制限たる単なる非我に於てでなく、自己と同様なる他の理性的者の自由活動に於て見出されたのである[56]。」

「世界創造的な自我の観念は後の発展に於て次第に絶対実在と精神的世界の概念に処を譲るに至るけれども、なほ自我は此の精神的宇宙の門戸を開く重要な契機として残る。其の宗教的愛の概念に於て自己否定が論ぜられると雖も、自我の自由の消滅でなく、其の自己否定に於て正に自我の崇高な努力を認めるのである[57]。」

「今や明らかに具体的なる民族的共同体について、その祖国愛に於て社会倫理の規範がおかれるのを見る。一切の道徳の根基はかゝる共同体の下に個人的自我の衝動を服属せしむることであり、自己の克服、祖国愛にまでの自己否定に於て道徳的義務が存する。[58]」

ここには「他者」、「宗教的愛」、「祖国愛」との関係において自我の否定と克服の連関が組み込まれていることが確認できる。この連関のあり方は、後述するように南原においては、他者との相互の「要請」による「教育的精神関係」と、絶対他者との「愛と正義の信仰」による「価値転倒的関係」として峻別されるものである。しかし、両者とも否定の契機を含む運動の精神という共通の思考様式をもつことで、文化的と宗教的と位相を異にしながら、南原においては「非我の論理」を内面的原動力としての「愛と正義の信仰」が支える関係として二重に機能することになる。

南原は、フィヒテの自我と非我との関係の論理を基点に、フィヒテ前期は「他者」概念の成立による個別的自我の相互関係を中心に考察し、後期はフィヒテにおける宗教的理念の展開を中心に考察し、フィヒテの意味を汲み取っていくことになる。フィヒテにおける前期・後期の両方向からの考察のなかから、道徳・宗教・政治・学問など諸要素の連関を批判的に汲み取ることによって、南原は自らの体系構築を試みる。内村から継承した信仰を根底にすえながら、前期からだけでも、後期からだけでも、論じつくされないものとして示されたのが、南原の「共同体」論である。以下、フィヒテ前期、後期それぞれにおいて、南原の体系構築とかかわる部分を中心に述べ、最後に体系の意味について考えていきたい。

②「他者」概念からの考察　南原におけるフィヒテ前期の考察で重要となるのは「他者」の概念である。南原はフィヒテが自我と非我との関係から導いた「他者」の概念が、自己意識を成立させる条件であること、これに伴い法の基礎づけを道徳からとは別に行ったこと、そして「社会共同体の倫理」へと向かったことに着目している。フィヒテにおける「他者」概念の成立から述べていきたい。

南原はフィヒテ知識学の根本観念を「自我は非我を前提とし、それを規定することに因りて自己自身を定置する。之れ自我の純粋なる自由活動であるが、自由活動は常に非我の対立を前提とし、その故に自我は制限せられたものである」と捉えていた。これを現実の意識において考えた場合、「自我の一定の活動」は向かうべき「ある現実の客観の対置」によってある、この「客観の対置」は「主観の自由の活動」を前提とするけれども、その「自由活動」はそれに先行する「客観の対置」によって制約されており、「主観の自由活動」と「客観」とは「相互に一が他に依りて」制約され、「無限の循環」に帰する。これでは「凡ての意識を可能ならしむべき自意識の条件を説明し得ない[59]」ことになる。自己意識が成立するのは、主観の自由活動と主観の制限としての客観が「同一時に総合」されるときであるという。では、「自由」と「制限」が「総合」されるとはどういうときか。それは、制限が自我に対して「必然的強制」を与えるようなものではなく、自我に対して自由活動を「要請」する「特殊な客観」であるときという。このような自己意識を成立させ、自我の自己規定を可能にする特殊な客観は、それ自身自由活動の主体である「自己の外なる自我」つまり「他者」である。こうして「他者」が導かれる。これを南原は次のように述べる。

「自意識の可能なる唯一の条件は、主観の自由活動と之れに対置せられる客観とが同一時に総合せられること、換言すれば主観の活動が定立せられた客観其自身たること、又客観として立せられるものが主観の活動其自身たることに因りてゞなければならぬ。このために所謂『客観』は、自我に対し単に外的に与へられた客観、随て主観の活動に必然的強制を与へるが如き非我でなくして、自我の自己規定を起さしめるもの、即ち自我自らが自由活動をなすやう、自我に対して『要請』をなす如き特殊の客観でなければならぬ。……かくの如き『要請』の原因としては、意志と悟性を有するところの、自己と同じ理性的者が予想せられなければならぬ。即ち自我の自己規定を可能ならしめる客観は、其自身自由活動の主体たる自我、自己の外なる自我たることが明らかになつた。……『人は如何にして自己と同様なる理性的者を自己の外に認め能ふか』の理論的解決である。[60]」

こうしてフィヒテにおいて「他者」概念が導かれる。これにより「他者」は自己意識を成立させるための条件であり、自己は自己と他者との相互関係において認識され、自己規定がされることになる。「一者が他者を自由の存在として認識し行動する」ことは「自他の『対立』と『交互作用』」において成立し、その「相互に自由の主体たる認識は、各々が他から受くる所の、……『要請』なる特殊の作用に根拠」している。これは自己認識の背後には「要請」を媒介とした個我の交互関係（共同体）が想定されていることを意味する。南原は後年、「『他者』の概念をもって自己と同じ他の自由な理性的存在者を抽出し、かようにして感性界における個我の交互関係において、知識の『自己意識』可能の新しい条件として立て、ここに社会の理論的認識の根拠を据えた[61]」と述べている。ここでは、認識は単なる主体による「思惟の構成」ではなく、個我の相互関係における「思惟の構成」となる。カントとの出会いによって認識主体の自覚を得た南原であったが、その認識の成立の条件として「他者」が導かれたことは、自らの認識も個我の交互関係における認識として、「共同体における認識」として受け止めることになったと考えられる。

次に、法の基礎がこの個我の交互関係に求められる。つまり、法の根本原理は「自我は各々自己の外なる自由の存在者を凡ての場合に於て承認すべく、他の自由の可能なるために自己の自由は制限せられざるべからざること」においてあり、このような「理性的者間の交互関係に於て権利関係が存する」。「法は社会の条件、一者と他者の共存の条件であり、凡そ自我が感覚界に於て個我として存在するところの必要条件[62]」となる。このような法的関係がなければ、「理性的者は互いに自由を承認し能はず、随て又自己自身に自由を帰する能はざることとなり、遂に自意識は成立し得ざるに至る」。

このようにして位置づけられた法律の性格は、従来の「客観の事物を絶対的に与へられたものとして単に仮定する」ゆえに、「法律に於ても多数の権利主体が単に与へられたものとして仮定せられるに過ぎない」見解に対して、フィヒテの立場は「凡そ事物の『客観』は『自我』が自由の事行に於て自己自身を限定するところの一の制限と考へられる」ゆえに、「法律論に於ても多数の主体の存在の仮定を、自我の自由に根拠して」、「我に対して『他』の権利主体の存在がその必然性に於て論証[63]」される。つまり、権利主体は個我の交互関係の前提ではなく、個我の交互関係が権利主体の前提として論理が展開されることになる[64]。

この法の基礎づけは、実践理性の法則に根拠する政治論の克服という課題に対応するものであった。法と道徳との関係におけるカントとフィヒテの違いについて南原は次のように述べる。

「カントに在りては尚、法律は道徳と同じく『実践理性』の法則から抽出され、道徳義務と法律義務とは同じく『義務』概念に包摂せしめられたところであり、その法律論は寧ろ道徳法則の応用と観らるべき傾向を否み能はない。フィヒテは更に根本に遡り、認識理論の基礎、自意識成立条件の問題として『他者』の概念を立することに依り、道徳と全然独立に、多数個我の共同生活体の必然的形式として『法』の基礎を与へたのである[65]。」

カントにおいては道徳法則の応用の傾向が否定できないが、フィヒテにおいては認識理論の基礎において「他者」を導いたことから道徳とは独立して法を基礎づけたと述べている。フィヒテが自我の根底を突きつめることによって自己意識可能の条件として「他者」を導いたことが、法の根拠づけの違いへとつながっている。

そして、「法的関係が一般に自意識の成立、随て自我定立の必然的条件である以上、その関係を常に存立せしめ、交互関係を保障する所」がなければならず、「法と力の結合せる共同体」として「国家」が導かれる。ここでの国家は「法律国家」であり、法は「感覚界に於て理性的存在者の交互関係として行為の『合法則性』の問題であり、内的心情其自身を問題とする道徳性と区別せられ」、「道徳は外部より強制し能はざるに、法の法たるは強制を為し得るに在る」[66]とされ、法律・国家は単に外部的合法則性の問題として、内面性の欠如を意味し、道徳と法・国家との関係は「自我の『自由』に対して国家の『強制』の対立」[67]として位置づけられている。この対立の解決はフィヒテ後期の考察において試みられる。

以上がフィヒテの「他者」概念から導かれる、個我の交互関係における自己意識・自己認識の成立とそこからの新たな法・国家の基礎づけであるが、次に自我の実践的活動における「他者」概念の意義が見出される。自己意識が成立するのは、主観の自由活動と主観の制限としての客観が「同一時に総合」されるときであり、それは自我に対して自由活動を「要請」する特殊な客観である場合であった。その特殊な客観として、それ自身自由活動の主体である「他者」が見出されていた。この個我相互の関係における「自我自らが自由活動をなすやう、自我に対して『要請』をなす」という「要請」は「教育」であると次のように述べられる。

「自我の自由なる活動にまでの『要請』はフィヒテは之れを明瞭に表はして『教育』であるといふ。人は他者の自由に因り触発せられて、自意識と自由に到達するとは、他者の精神から受くる所の影響或は感化の意義である。……此の多数個我の存在とその相互の間の教育的精神関係は、団体主義の倫理及び政治学説への基礎を供するところの重要な要素である。(68)」

「教育」とはあくまでも、他者の自由によって触発され、他者の精神から受ける影響或は感化によって、自己を認識し自由に到達する相互の内面的・精神的関係を意味している。従来は「単に多数個の並存に依る数学的社会関係が論理的に思惟せられたのみ」であったのに対し、ここでは「一者の他者に対する依存に因りて相互の間に動的活動関係として社会共同体概念の成立」が可能となる。(69)

　ここから社会共同体の倫理的根拠が論じられる。そこでは、個我の自由の交互関係が出発点であるが、「自己に対する義務」はフィヒテにとっては「共同体に於てのみ可能なる道徳の終局目的の、単に前提条件に過ぎない」とされ、「道徳の終局目的はかゝる共同体に於て存し、各人は寧ろその為めの道具であり、随て徳は自己の完成に於てゞなく、共同体に対する行為に於て成立する」とされる。フィヒテにおいては、「カントが否定したる『他人を完成するの義務』」が肯定されることになる。先に「法律国家」において他者の自由の承認が外的に保障されていたが、ここでは「他人の自由はその権利の問題としてゞなく、自己の道徳的義務として承認せられ、法律を遵守し国家権力に服従することが道徳上の義務(70)」とされる。これを南原は単なる道徳論ではなく、「社会共同体の倫理」であると捉え、「道徳」の側から政治社会の価値論的根拠を与えようとする努力と読み取る。

「自我のみならず、自我より演繹せられた他者も共に、理性目的実現の為めの手段として考へられ、各人は唯『全体』に対する関係から道徳的奉仕の義務を負ふのである。フィヒテが最後に『固有の義務論』の内容として叙述するところは、かゝる『全体』に於ての個人の存在と活動関係の多様性から、各人の所属する所に随ひ、諸々の『階級』或は『職業』に就いてのそれぞれの義務である(71)。」

「自己に対する義務」でも「他者に対する義務」でもなく「全体」に対する関係から義務を負い、各々の活動関係の多様性を前提とし「階級」・「職業」を通じて各人は固有の義務を果たして「全体」へつながるというものである。このフィヒテの構想を南原は、社会共同体観念の構想とそれを通しての「道徳及び政治の結合の試図(72)」と意義を汲み取るのである。自己中心主義を克服することを課題とした南原にとって、他人に対する義務から共同体が終局目的となる全体に対する関係からの義務は、共同体そのものに倫理の基準を置くものとして意義あるものであったと考えられる。[73] これを南原は「純粋の道徳としては著しく外面化せられ、人格の内面的深義は希薄化」し、「純粋のMoralの問題としてよりは、広くEthosとしての問題[74]」とも述べることになる。

なお、フィヒテ前期における教会については、道徳と「同一の実践的確信に於て一致せる現実的結合」で、本質は「倫理共同体」であり、「たゞ倫理的共同体の意味を『象徴』に於て表現するところに可見的教会が成立する」と位置づけ、フィヒテ前期における法律と道徳の外的と内的の二つの秩序について、「社会共同体の二つの形式として、国家と教会は必然に継続的性質を有し、その各々の関係に入り込むことが道徳上の義務であ」り、これは「宗教が未だ道徳と結合してのみ思惟せられた結果であると共に、政治も僅かに道徳の側から倫理的基礎を与へられたるに止まり、未だ固有の価値論的考察がなされざるに因る。[75]」と総括する。南原における「初代基督教の純粋福音主義」を体系に位置づける課題は、フィヒテ後期の考察において行われることになる。

以上のフィヒテ前期についての考察では、フィヒテが自我を根底まで突きつめ自己自身の意識の窮極の根拠において、自我を制限・否定しつつ自我に「要請」するものとして、単なる非我ではなくそれ自身自由活動の主体である「他者」を見出し、ここから南原は認識の問題、法・国家の根拠づけ、「社会共同体の倫理」を論じた。南原はまず社会の理論的認識の根拠が個我の交互関係のもとにあることに着目し、法や国家の基礎もこの個我の交互関係におかれたのであった。認識理論から導かれた法・国家は道徳つまり実践理性の応用から導かれる法とは根拠が異なり、「法と道徳の分離」がなされた。また、「他者」概念の実践的自我の関係からの意義として、個我交互の間の「教育的精神関係」から社会共同体概念が成立する。そして、自己を目的とする自己に対する義務から、他者に対する義務、共同体が終局目的となる全体に対する関係からの義務への展開に、「社会共同体の倫理」として「道徳」の側からの政治の価値的根拠づけの意義が汲み取られている。

③宗教的理念からの考察　南原におけるフィヒテ前期の考察は「他者」概念からの展開であったが、フィヒテ後期は宗教的理念をめぐる考察が中心となる。そこで南原は、フィヒテがキリスト教を「一方には神の直接的啓示による人間精神の真理認識の問題として考ふると同時に、他方には人類種属の状態の改変せられるべき原理として、宗教的社会組織の問題として考へん」[76]としたことに対応し、認識と宗教との関係と政治と宗教との関係の二つを軸にフィヒテの意味を汲み取ってくる。ただ、南原は自らの「初代基督教の純粋福音主義=キリスト教の本質」理解を基底にもち、批判的にフィヒテの意味を汲み取る。それは「初代基督教の純粋福音主義」を自らの体系に位置づけることでもあった。

まずは、認識と宗教との関係から述べていきたい。南原はフィヒテ後期における宗教論において「信仰の信仰たるは自我のこの道徳的目的又は本分の実現の確実性に対する確信に於て存する[77]」という点に着目する。南原は道徳的行為の実現の可能性、道徳的自我には期待することの許されない結果が、信仰によって結合されるところに、そしてそこに思惟反省の問題も結合されていることを読み取り、次のように述べる。

「吾人の義務の発生する『道徳の世界』と吾人が道徳的義務を実現すべき『自然の世界』とは『神』の概念に於て統一せられるのである。故に最早ひとり実践理性の限界に止まるものでなく、同時に理論理性の問題に属する。即ち道徳的義務意識が根本に於て制約するが、併し同時に、道徳的終局目的の実現可能の問題が結合せられてある。なほ換言すれば、道徳的世界秩序は単に道徳法則の克く支ふる所でなくして、神に依りてのみ実現せらるべく、ここに始めて道徳がその必然の結果を伴ひ得るのである。これに依りて信仰はひとり意志心情の問題でなく、それには思惟反省の問題が共に結合せられてある。この意味に於て信仰は理論認識の原理の根底に横はる問題である。その限りフィヒテは宗教に於て理論及び実践の総合を考へんとするものと解することができる[78]。」

道徳的心情から導かれる宗教だけではなく、実践の結果と神による終局目的の実現が連関に組み込まれることで、思惟反省の問題も結合され、理論認識（学問）と宗教との関係がその視野に入ってくる。それは南原の自らの営為である学問が、「自然の世界」を「最終目的の実現の可能の問題[79]」として観察、認識するものとして、終局目的への過程である実践と結果と思惟反省、そこから再び実践・結果・思惟反省という連関のなかに、宗教によって結合され、ここに学問と宗教との関係をみるのである。

ただ、フィヒテにおける「学の見地」は人類の精神的発展の最高の第五段階の「観照」として、第四段階の「信仰」のさらに上に、次のように位置づけられるものであった。

「最高の第五の見地は謂はゆる『観照』であつて、ここでは信仰により絶対的事実として前提せられたものを、そのいかにあるかを洞察する見地である。観照は神的実在自身の直接の形式であり、宗教の内容に対しては何ら加ふる所はないが、それを思惟の形式に於て把握したものである。これは信仰の見地に対して寧ろ『学』の見地であり、ここに宗教論はそれ自身知識学であり、宗教は知識の対象として『思惟』『認識』『形而上学』の問題とせられるのである[80]。」

「『愛』は即ち神的実在の『観照』に外ならず、各人はこれにより最早自己自身でなくして、神と全く合一するであらう。これは根本に於て人間の意志や行為から独立なる神の『啓示』を考ふるに因りてゞあり、自我が自己を否定して、たゞ神の絶対的存在のみがあり、その直接の現はれとして『知』を考へるのである[81]。」

フィヒテが「信仰」よりも「学」・「知」を上に位置づけるこの見地は、南原にあっては「人間が神について考へるのでなくして、神が人間の裡において自己を考へんとするが如き非人間的なる哲学の立場への傾向[82]」と批判されることになる。南原の立場は次のように述べられている。

「哲学は、それが一の学術として世界観の学である限り、どこまでも概念的労作であり、つつましやかに論理の階梯を攀ぢのぼることにより、合理的に構成せられることが、その方法的条件でなければならぬ。苟くも哲学の問題として考ふる以上、もし純粋の論理的思惟の外のものを根拠とし、それによりて非論理的なる確信乃至信仰そのものが前面に表はるるに至るときは、学そのものの基礎は著しく動揺を来すであらう[83]。」

論理的に、合理的に、非論理的なるものを排して「学」に向かうことを述べているが、しかしこれは、「一般に宗教の否定を意味せず、反て宗教そのものの非合理的純粋性を有らゆる論難攻撃の矢も及ばぬ所に於て維持し、哲学の問題としても文化の価値原理の局限における問題として関係づけんとする[84]」立場である。学問と宗教、さらには文化と宗教との関係として体系に位置づけられることになるこのような立場を基底に保持しつつ、南原はフィヒテの意義を汲み取っている。

次に、フィヒテ後期において南原が考察するもうひとつの軸である政治と宗教との関係に入っていきたい。ここでは、フィヒテの「文化国家」・「国民（民族）国家」・「教育国家」にみる政治自身の内面的基礎づけの可能性、南原によるフィヒテにおける宗教と政治との結合関係の批判、そしてその批判の基底にある南原における政治と宗教との関係の三点について、順に述べていきたい。

フィヒテ後期の宗教論への転回に応じて、政治や法律も宗教的形成を経ていく。前期においては自我、他者、個我の相互関係から法・国家・共同体が論じられたが、後期においては、神的理念からその下にいかに総合されるかが論じられている。南原は、フィヒテ後期における国家観の変遷を、「絶対国家」・「文化国家」・「国民（民族）国家」・「教育国家」・「理性の国」とたどり、強制設備としての国家から宗教的理念と内的連関を持つ国家への展開を跡づけ、そこに宗教の純粋性を確保しつつ政治的理念を考える南原の読みにより、政治自身の内面的基礎づけの可能性を探っていく。そのなかで中心となるのが「文化国家」、その具体的存在である「国民（民族）国家」、そしてそこにおける「教育国家」の考え方である。

南原が強制設備としての「絶対国家」から、理念との内的関連を持つ「神的理念の一形式」として「独自の文化形象」を認めるのが「文化国家」である。

「総ての個人生活を種属目的たる文化に向はしめ、これと融合せしむるを任務とする国家はそれ自ら文化目的に奉仕するのである。否、文化の本質は神的理念が人類種属の精神的発展における表はれであるとすれば、神的理念の一形式たる国家はそれ自ら独自の文化形象であらねばならぬ。[85]」

これが理念の浸透した文化国家であるが、「国家は個人の力を種属に向はしめることに依りて、直ちに人類種属を表現するもの[86]」であり、個人と普遍が直接つながれており、具体的な「国民（民族）国家」ではない。

ここから、「政治的非合理概念」として形成された「『国民』或は『民族』及び『歴史』[87]」により、「人類種属」から具体的な民族的共同体が導かれる。「一団の人間をかくの如き全体に結合せしめる神的理念又は本原的者の発展のこの特殊の法則によりて『民族的性格』が規定」され、「国家はそれ自身本原的のものでなくして却て国民精神によりて動かされ秩序づけられる」。そして「民族共同の『祖国愛』が『最高の最後の独立の政府』として国家支配を指導する原理[88]」となる。ここに、前期における「社会共同体の倫理」は、「今や明らかに具体的なる民族的共同体について、その祖国愛に於て社会倫理の規範がおかれ」、「一切の道徳の根基はかゝる共同体の下に個人的自我の衝動を服属せしむることであり、自己の克服、祖国愛にまでの自己否定に於て道徳的義務が存する[89]」と述べられる。

そして南原は、この「国民（民族）国家」の原理において国家に課せられるに至った「『教育』の任務」を、「フィヒテ後期思想の核心」として次のように述べる。

「国民的共同体をつくるための、真の国民にまでの教育が民族国家の本質をなす。『真のドイツ的国家技術』はかゝる教育に於て存し、これはドイツとそれを通して時代を救済せんと試みた所のフィヒテ後期思想の核心である。……（前期において）法的関係の成立根拠たる個我の自由の交互作用は根本に於ては、『教育』であることを示して置いたが、ここに明らかに国家は教育を本質として表はれる。以前の如く国家は単に権利関係を保障する法律秩序ではなくして『教育国家』である。人類のより高き文化目的に奉仕する為めの強制設備に止まらずして、それ自ら文化を齎らす所のもの、国民的文化の担当者である。[90]」

こうして国家が国民の道徳と宗教に関与する「教育国家」であることによって、前期にあっては、教会が倫理的共同体の現実的結合として、法律的結合である国家に優位して考えられていたが、「今は国民的共同体が即ち道徳的秩序であり、道徳的教育は教会より分離して、国家が教育的任務を帯びて前面に」表れ、「国民国家それ自身に於て神的理念の担当者が認められ」る。「国民国家」が「絶対他者としてさへ形成せらるるに至つたものとも解し得るであらう[91]」と述べ、政治の道徳及び宗教に対する関係が転換されたことが指摘される。

国家はこの教育概念を仲介として道徳的心情と法的強制の結合を図り、政治が内面的世界に積極的関係を持つに至る。自我の「自由」に対して国家の「強制」の対立、前期においては法をそして国家を外的なものとして位置づけることによって、法と道徳を分離し、道徳の側から法の遵守を義務とすると関係づけられていた。この教育国家においては次のように国家の側から道徳に関係づけられる。

「所与の国家の正当性は、その『法的形式』に於てあるのでなく、国家の最後目的が道徳的自由に存することに於て在る。『自由にまで総ての人の教育に対する設備』といふことが国家拘束力の根拠である。この『自由にまでの教育設備』は『意志を第一の且つ最初のものとして有し、国家を超えてそれ自身の目的概念を立する』能力にまでの教養を意味し、かの『訓練の設備』換言すれば『他の意志の道具となるための熟練と技巧』にまでの教育と区別せられ、この点にフィヒテは国家の政治が専制政から分たるべき標準を見出さんとする。[92]」

自由と強制の矛盾的結合を「教育国家」に見つつ、「自由にまで総ての人の教育に対する設備」であることを「国家拘束力の根拠」として、国家の側からの道徳への関係づけがなされている。あくまでも「他の意志の道具となるための熟練と技巧」にまでの教育とは区別された教育概念である。これを南原は、前期の道徳の側からの政治の倫理的基礎づけに対して、後期における「政治自身の内的基礎を問題としたものと解することができる[93]」とする。

そして、ここにおける「道徳」は「団体倫理[94]」であるとして、次のように述べる。

「各々の自我が、単に空虚な経験的の自我としてゞなく、真の実在的なる生命の顕現として『或物自体』たるは、『団体の成員』としてゞある。自我が余人を以て代へ難き各々の『個人的性格』を有するのは、団体に依り団体に対してのみである。単に経験的なる自我は根本に於て同じきものであり、随て性格を有しないが、人間は団体の存在と生命に関与するにより て各々に固有の『個人的性格』を受くるのである。かゝる団体倫理の精神こそが教育――人間社会の教育の目的である。道徳的なる人格は進んで他人の道徳的教養に赴くべく、真に義務を愛する人は、彼の義務づけられた人々との結合を愛する所の人々である[95]。」

これが「団体倫理の完成」であるとされるが、これは「同時に宗教的『愛』の倫理への転回」であり、「道徳行為は『自我』の理性的当為の努力たるよりも、根底に於て純粋の存在たる神の絶対的理念に於ての『自我の没却』であ[96]」り、その目的は「団体の統一を現象の中に於て表現せんとする所」にあり、「人間共同の使命」であると述べられる。そして、「教育は随て、そのこと自身宗教的理念への教育」であり、「教育を任務とすることにより国家はまたそれ自ら神的理念実現の必要なる条件」として表われ、「法と道徳との結合から更に政治と宗教との結合の可能の途を開いた[97]」と南原は位置づけている。

このフィヒテの「宗教的理念」を南原は宗教の非合理性を含みつつ純粋性を保った政治的理念として読み込むことによって、「祖国愛」にまでの自己否定によって「団体の存在と生命に関与」し「各々に固有の『個人的性格』を受くる」人々は、団体の統一を現象のなかに表現することが使命であり、団体としての個性である「国民」における国民精神によって国家を秩序づけ、その特殊性を通して人類種属の統合へ、そして政治的理念へと関係づけられる。国家は「自由にまでの教育」を担うことによりその存在根拠をもち、自由と強制の矛盾を「教育」概念で解くことにより、後期における政治自身の内的基礎づけとしたのであった。

次に、南原の「初代基督教の純粋福音主義」の観点からのフィヒテの宗教と政治との結合関係に対する批判について述べていきたい。

フィヒテ最後の哲学的成果において、人類の最高課題として掲げられたのは、「理性の国」の建設である。この「理性の国」は「哲学的精神の国土・道徳の国・また政治的国家の理念」であり「その窮極の意義は宗教的『神の国』」にあるとされ、法と道徳の総合、国家による教会の包摂、政治と宗教の結合を認める。「自我より出発して多数個我の交互関係として概念せられた政治的国家は、ここに知識学の最後の展開に依りて、神から出発して其の下に統一せられる自我の精神的統体としての宗教的神の世界の中に総合せられたものと観ることができる」と南原は総括する。

このフィヒテの試みを、南原は「フィヒテに於て政治と宗教との結合の試図は、これを政治の側より観て、いかにして政治的価値それ自身の絶対性の基礎づけをなし能ふかの問題に対するフィヒテの関心と努力と解せられる限りに於て、意義が見出されるであらう」[98]と評価する。それは逆に、宗教の側から見た場合には、フィヒテの展開した政治と宗教との関係の論理は次のように批判されなければならないものであった。

「彼（フィヒテ）の哲学の根本性格を、彼の思想の最後の帰結にとりて考察する場合、その宗教的・政治的なる一個の形而上学的思弁を問題とせざるを得ぬのである。……殊に、『神の国』を政治社会の形成的なる理念として理解し、新しき時代の国家原理を之れから導出せんとすることは、たとひ、それがキリスト教の歴史における発展の輝ける一つの段階であったにしても、又その偉大なる代表者としてフィヒテが立つにしても、現代哲学の上からは、もはやそのままに支持することは許されるものではない。[99]」

フィヒテが神の国を「政治社会の形成的なる理念」として理解し、新しい時代の国家原理を導出することを南原は批判するが、それにもかかわらず、フィヒテから意味を汲み取ろうとしてきたのは、フィヒテが「キリスト教を個人と神との関係に於て観ずして、共同体・全人類種属の世界状態として考ふるものであり、即ち主観的なる解脱の意味のみの問題としてでなく、神的組織の客観性に於て把握せんとするもの[100]」であったからである。「神的組織の客観性」は南原にとっては宗教の純粋性を喪失するものであるが、キリスト教を「主観的なる解脱」のみとして考えないところに、フィヒテを読む南原の基底に「無限の愛と慈悲」のみの宗教ではない「愛と正義の信仰」があることを感じさせる。これに対し、「神的組織の客観性」、つまり宗教の社会共同体的要素の問題については、次のように南原は述べる。

「宗教が具有する個人的要素の外に尚ほ社会共同体的要素は、よりよき正義の問題であり、かくの如きものとして政治的正義と関連を有しなければならぬ。……われらは人類の政治的理想努力の窮極に於ても神の国の顕現を期待し得べく、政治的国家はそれ自ら宗教的神の国に連なる問題として理解せられ得るであらう。フィヒテがその哲学的生涯の終りに至るまで、宗教と政治との結合を図るがために捧げた努力の学的意味を、ここに汲むことが出来る。併し吾らの立場においては、どこまでも宗教的確信の問題であり、思惟の局限において考へんとするのである。[101]」

南原においては、宗教的な「よりよき正義」は、文化的な「政治的正義」と関連するが、それは「思惟の局限」において考えられるものである。

ここから、南原は「神の国」を政治社会の形成的なる理念として理解するような政治と宗教との結合関係を、「一種の神政政治」とそこにおける人民の側の「権威信仰」の関係であるとして、古代絶対国家、中世カトリック主義からの教会国家主義とともに、フィヒテの国家教会主義を批判する。[102]それは、「キリスト教の内面性から組織的に合理的なる社会原理を形成せんとするに於て、宗教の非合理性を政治的につくりかへるもの[103]」であった。

では南原の基底にある「初代基督教の純粋福音主義＝キリスト教の本質」は政治・道徳・学問とどのように関係づけられるのであろうか。これまで学問との関係においても、政治との関係においても、「文化の価値原理の局限」あるいは「思惟の局限」におかれてきたが、その関係はどのように述べられているのか。南原はキリスト教の本質について次のように表現している。

「キリスト教の本質について、……ここに強調すべき一事は、それはどこまでも神と人との間の生ける人格的愛の関係が中核を成せることである。おのおのも異る個性を具へた諸々の個人と、生ける人格的唯一の神との間の、愛の結合関係が本質的である。人間が己れの罪を自覚し、かの現実に『神の子』として生きた・否なほ生けるイエスを、かくの如きものとして信ずることに由り、人みなが新たに神の子だちとして、父なる神に受け容れられるところの、新たに甦生せられる父子の人格的愛の関係である。それは、かくいふことによりても尚ほ表示し得ざるほどの、生々の具体的生命の問題であり、それ自身、人間知性を以て理解し能はざる非合理的なる要素が根本をなす[104]。」（圏点は原執筆者。以下同じ）

この宗教における神と人との結合関係は、「価値ある者も、価値なき者も、否、価値反対の者さへも、ひとしなみに招かれてある、新たな愛の関係」であり、「そこには価値の超越、否、価値、の、転倒さへも認め得る」という「価値転倒的関係」とでもいうべき関係である。そして、宗教改革が「神と人との間の一切の媒介物を排除[106]」するもので、そして「レフォーメーションは未だ完成せられてあらず、それは宗教の歴史において断えず繰り返され、新たにせられるべき運動の精神[107]」であるとすれば、この「神と人との生ける人格的愛の関係」における「価値転倒的関係」も絶えず繰り返され新たにされる「運動の精神」であると捉えることができる。

この「キリスト教の本質」から、南原は宗教の共同体的要素について次のように表現する。

「イエスの説いた『神の国』は何を意味するか。われらはキリスト教の本質を、人格的神と各々の個性を具へた人との間の、現実的なる新しき父子の間の愛の非合理性において把握することから、その必然の帰結として、神の国は人格的愛の神を中心として、それを通して新たに甦生したる諸々の人格の愛の結合そのものより外のものではない。それは単に各々の個人と神との間の関係のみの問題でなく、同時にかやうにして神と結ばれた人間相互の間の共同体の関係である。……その特質は依然として宗教的なる愛の非合理性の要素において在る。すべての人は神の前には罪ある者として等しく価値なきものであるが、これから解放せられることによりて、個人差別のいかんに拘らず、平等の価値が与へられる。人はいかなる理想的社会においても、又裡なる理性的努力を以てして、現実的に自由を享有し能はないが、信仰によりて神に在りてのみ自由が獲得せられる。神の国の自由と平等といふは要するに、この意義を指すのである。それは合理的なる正義の問題ではなくして、更によりよき正義の問題として、純粋に非合理的なる愛の関係である。(108)」

宗教の共同体的要素について、「合理的なる正義」と「純粋に非合理的なる愛の関係」である「よりよき正義」とはどのような関係として考えられるか。南原が内村から継承した「愛と正義の信仰」、「ただ信ずる」の信仰は、「倫理的」信仰でも「知識的」信仰でもなかった。南原が内村の信仰を「知識」的信仰ではなかったと述べた「科学も哲学も先生には生々のいのちを盛る器、永遠の真理の纏う衣に過ぎなかった」という言葉と考え合わせると、科学や哲学という「器」に信仰という「生々のいのち」が盛られており、ここでは「合理的なる正義」という器に、非合理的なる「よりよき正義」が盛られるという関係として、文化的と宗教的との関係として関連づけられる。それは道徳も学問も政治も「器」（文化）であり、そこに「生々のいのち」（宗教）が盛られているという関係であると考えられる。またその関係は、「非合理的なる愛の関係」であり、それは先に見たように「価値転倒的関係」であるとすれば、「よりよき正義」とは、「合理的なる正義」を支える絶えず繰り返し新たにする「レフォーメーション」としての「運動の精神」ということもできるであろう。

④体系の意味　以上のようなフィヒテとの格闘によって到達した南原の学問的世界は、文化

価値としての政治的社会価値正義の定立、正義と他の文化価値である真善美の並行関係、そして文化価値と宗教との関係の体系として示される。

まず、文化価値としての正義と真善美との関係は次のとおりである。

「政治的社会価値を道徳的人格価値及び論理的真理価値等と独立して、その絶対固有性に於て承認せんとする私の以上の主張は、とりも直さず、これら文化の価値を相互に並列の関係に於て観んとするものである。かの絶対価値として挙げらるるものは、真・善・美の三者を以て尽きるとなすことができず、恰もこれら三者相互の間に於てと同様、新たに得たる政治的価値なる正義を、これらと並列の関係におくことが要求せられなければならぬ。それは従来、これら文化の諸価値の中の一を以て頂点に位せしめ他の諸々を段階的次序に於て之に下属せしめたる如き、いはゆる価値の『段階』説とは異りて、『価値並行』論の新たな体系の要求である。(109)」

これはカントが理性の批判によって立てた認識・道徳・審美の固有の価値原理に、フィヒテと取り組むことでカントでは捉えきれない理性の領域を追究し、南原が新たに「政治的価値なる正義」を立てたものである。この南原における価値並行の立場とは「各々の文化の自律性に基き、それ自身自目的なる価値の諸領域の独立を認」めるものであり、それは「考察態度の差異」に基づく区別である。その考察態度の違いによって成り立つ「各々の価値の世界に照応して、それぞれの文化事象が存在」することになる。論理・審美に関係して学術・芸術の文化があり、道徳的価値の善に関係して人間の実際道徳があるように、「政治的価値たる正義に関係して社会共同生活がある」[110]というものである。つまり、社会共同生活を考察するための態度には、論理・審美・道徳とは異なる態度が必要である、というのが南原の「政治的価値正義」の定立の意味である。それは、認識が「人間思惟の構成の所産」であるとすれば、考察のための「思惟の構成」つまり認識の構造において、論理・審美・道徳とは異なる観点をもたなければ、社会共同生活は認識しきれないということである。その考察態度が必要であること、道徳でもない宗教でもない政治固有の態度があることを、南原はフィヒテの自我の制限・否定の契機を含む非我の論理の展開から汲み取ってきたのであった。

フィヒテ前期からは、他者が自己意識成立の条件として位置づけられたところから共同体と法、道徳との関係が論じられた。権利主体は共同体の前提ではなく共同体が権利主体の前提として位置づけられ、その共同体の倫理的基礎は、道徳からの政治の基礎づけとして、「社会共同体の倫理」であった。それは多数個我の存在とその相互の間の「教育的精神関係」から導かれた全体に対する関係からの義務であった。個人道徳と区別された、「一切の義務は絶対的・直接的に共同体のみにかからしめられ、自我は単にその共同体の成員として唯だ間接に自己に対する義務を負はしめられる」[111]ものとして位置づけられている。しかし、これについて南原は価値並行の立場から、「道徳と政治との二元主義を再び廃棄するもの[112]」として問題も指摘する。「Moralの問題としてよりは、広くEthosとしての問題」というとき、南原においてはもう「道徳」では汲み尽せない性質を含んでしまっており、「道徳」ではなく「政治」の問題として考えるべきだ、ということであろう。

次に、フィヒテ後期から宗教との関係において政治が捉えられ、政治の側から人間の内面性との関連が論じられている。これは「文化国家」の理念として示されている。「文化国家」、より具体的には「国民（民族）的共同体」においては、「人間は団体の存在と生命に関与するにより各々に固有の『個人的性格』を受くる」のであった。「団体の存在と生命」に関与することにより受ける固有の「個人的性格」は、「経験的なる自我」あるいは抽象的人間に対する「個性」的人間として提示されている。それは神的理念を、宗教の非合理性を含みつつ純粋性を保った政治的理念と理解し、その政治的理念が人類種属から「国民」・「民族」を通じて「個人的性格」まで浸透する、そして人々は団体の統一を現象のなかに実現することが使命であるというものであった。抽象的な個人と普遍ではなく、具体的な「個性」、「国民」・「民族」による国際政治秩序原理につながるものである。そして国家が「教育」を担うところに、フィヒテ後期思想の核心が見出された。この「教育国家」は、社会共同体における個我相互の「教育的精神関係」とは異なり、国家が「自由にまでの教育」を担うというものであり、自我の「自由」と国家の「強制」という矛盾を内包している。その教育は「他の意志の道具となるための熟練と技巧にまでの教育」とは区別された「自由にまでの教育」である。政治的社会価値の内包する自由と強制の矛盾の問題連関がここでは「教育国家」において捉えられている。また、宗教と政治との結合、すなわち「価値転倒的関係」の喪失は、「一種の神政政治」とそこにおける人民の側の「権威信仰」という関係として批判される。政治的社会価値と宗教との関係の問題連関である。

　次に、政治を対象とする認識の問題、政治的価値と理論的価値との関係として、南原は価値体系の説明に当たってプラトンの国家論を例に次のように述べる。

「私をして極言するを許さるるならば、プラトンの国家論は、……あの客観主義の国家構造に似もやらず、実は政治的社会の固有の理想でなくして、根本に於ては真理認識のための国家生活である。さればこそ真の知識を体得したる少数、否、唯一人の哲学者の政治が理想として描かれたのである。[113]」

一般民衆を主体とした「国家生活のための真理認識」ではなく、哲学者を主体とした「真理認識のための国家生活」であるとして、考察態度の違いが政治理想とその担い手の違いにつながる例として挙げている。「本来非理論的なる政治社会生活の固有性を承認することなくして、一義的に理論的なる包括的世界観に於て政治を考へんとする」主知主義の立場からは、「一般に文化の非理論的方面の本質は観察せられず、政治生活の固有の様式は闡明せらるべくもない[114]」と批判する。そうした「非理論的なる政治生活」についても、「苟くも人間の意志と活動の場である以上」、「合理的に把握することが必要であ」り、「合理的なる政治理論が形成せられなければならぬ理由」[115]があるとする。内村の「ただの人間、無名の人、世のつまらぬ人、労働の人」として「ただ信ずる」の信仰によって社会共同生活を生きる人々、また南原が「発見」した無私の心によって地域共同体において尽力する人々を担い手とする政治を合理的に把握することを、「国家生活のための真理認識」を、南原は課題としていたと考えられる。

そして、その政治を対象とする認識は、共同体を背景に持った認識である。つまり、フィヒテ前期において、他者が自己意識成立の条件とされたことは、自己認識が自他の関係、個我の交互関係（共同体）においてされることであった。それは、共同体を背景に「思惟の構成」がされることを意味し、認識は「共同体における認識」である。現実においては、背景となる共同体は時間的・空間的に制限を受けたものであり、南原も同時代の日本と世界を背景に、その自覚の上に、フィヒテの意義を汲み取り「合理的なる政治理論」の形成に向かったことになる。

その上で、フィヒテ後期における宗教論では、実践・結果・思惟反省の連関が認められることから、認識つまり論理的真理価値と宗教との積極的関係の意味を汲み取っていた。「宗教的確信が、道徳的意志に対してのみならず、理論的知性に対しても妥当する」ことが導かれるとき、南原自身の学問的営為と信仰との関係を体系に位置づけることにつながる。それは「全自然の世界」を「最終目的の実現の可能の問題」として認識すること、つまり政治を対象に真理を求めていくという学問的営為が、現実の共同体を背景にしつつ、共同体の完成への道に位置づけられ、それが南原自身の「断えず繰り返され、新たにせられるべき運動の精神」である「愛と正義の信仰」に支えられる関係として体系のなかに位置づけられる。内村の信仰に立脚した「実験による現実に対する態度」、カントにおける認識者としての自覚、そしてフィヒテにおける「自己意識成立の条件としての他者」論、そしてフィヒテ後期の宗教論から導かれた認識と共同体と信仰の関係の問題連関である。

さらに、自らの営みを全体系のなかに位置づけるべく、宗教が理性一般との関係にも広がりを持つものとして次のように評価する。

「宗教的確信が、道徳的意志に対してのみならず、理論的知性に対しても妥当するとの新たな見地は、それ自ら重要なる理論を包含する。即ち宗教は最早、実践理性・理論理性に対してのみならず、理性一般の本質における或るものとして考へられるに至つたことを意味し、このことから、……宗教を、ひとり道徳的人格価値とのみでなく、論理的真理価値・おし広めては芸術的審美価値・政治的価値の、一般に文化の価値原理と内的関係をもつものとして、理解することが可能となるであらう。[116]」

政治的価値と宗教との関係は、文化的な「合理的な正義」と宗教的な「よりよき正義」との関係として示されていた。これを含めここでは、理性一般と宗教との関係として体系化されている。そして南原は学問体系における宗教と文化の関係として次のように述べる。

「宗教は学問・芸術・道徳・政治などの文化形式と関係するものであるが、これらと同様に、それ自らの価値形式を要求するものでなく、随て諸価値の系列の間にあつて互に並立し、或はこれらと段階的次序を争ふものではない。もし宗教が固有の価値形式を自らに要求し、自己の文化領域を他に対して限界し或は主張するならば、却て宗教はその生々の生命を失ふであらう。自らは独自の文化領域を有せずして、却て他の諸々の文化の価値生活の内容に生命を与ふるところに、宗教の普遍的意義があるのである(117)。」

宗教は「自らは独自の文化領域を有せずして、却て他の諸々の文化の価値生活の内容に生命を与ふる」ものである。それは、「価値と反価値との鋭き対立を前提とし、それ故にこそ、その対立の厳しさに耐へかねて、そこから超脱する」ところに、「価値ある者も、価値なき者も、否、価値反対の者さへも、ひとしなみに招かれてある、新たな愛の関係」があるが、「しかし、宗教が一般に文化生活より超脱して、文化の価値の蔑視または否定にまで導くものではな」く、「宗教人は、いづれの文化的価値生活の中にも入りこみ、そのただ中にありて、神と偕なる生活を生き得るばかりでなく、文化人としての諸々の生活と業の力の生命を却て宗教から導き来す(118)」ことを意味している。南原において、内村の信仰を「人間の側には、イエスの十字架を仰ぐことによって罪が贖われるとともに、それぞれの十字架を負うてイエスに従うことが要求される」と「愛と正義の信仰」として受け止めていた内容を含意しながら、文化価値一般と宗教との関係を体系のなかに位置づけたものといえよう。

こうして、「フィヒテ政治理論の哲学的基礎」において、文化価値としての政治的社会価値正義の定立、正義と他の文化価値である真善美の並行関係、そして文化価値と宗教との関係の体系において示された南原の「共同体」論は、自己意識成立の条件としての共同体、個人道徳と峻別された「社会共同体の倫理」、抽象的普遍と区別された「国民」・「民族」の理念、国家における自由と強制の矛盾的結合、政治と宗教との結合に対する批判、そして認識における共同体と信仰との関係、これら複合的な要素が組み込まれた理論であった。

この「フィヒテ政治理論の哲学的基礎」における到達地点から考えれば、南原の体系は、自然・文化（理性）・宗教の三重構造において捉えられ、自然と文化（理論的価値、政治的価値）との関係においては「非我の論理」が、文化と宗教との関係においては内面的原動力としての「愛と正義の信仰」があり、両者が位相を異にしながら、否定の契機を含む運動の精神として二重に機能している。さらに詳細に見れば、共同体においては、相互の「教育的精神関係」――自己と他者との相互の要請による自由――があるべき理念であるが、現実には共同体完成の日までは「教育国家」が自由と強制の矛盾的結合として「自由にまでの教養」の担当者として存在するとともに、政治と宗教の峻別の関係が失われると「神政政治」と「権威信仰」の関係が生じる。また、そこでの認識主体は共同体を背景としており、認識は所与の現実の共同体を背景に構成される一方で、その認識による思惟反省は、共同体価値の実現、「永久平和の国」への道に開かれており、この学問的営みは「愛と正義の信仰」によって支えられている、というものである。

こうして構築されたこの体系は単に抽象的な論理として築かれたものではない。体系は「自然の世界」と「自由の世界」の二元的世界観とそこにおける自由、否定の契機を含む運動の精神としての「非我の論理」、「他者」概念から導かれる共同体の理論的・実践的位置づけ、宗教的理念との関係から形成されたものであるが、これらは、南原の実存的な課題、すなわち認識主体としての自覚、「自己を棄てること、自己に死ぬこと」という内村の言葉の受容、「ただ信ずる」の信仰によって社会共同生活を生きる人々、また南原が「発見」した無私の心によって地域共同体において尽力する人々の実在、そして自らの政治を対象とした学問的営みを自らの世界観へ位置づけるという課題に取り組むことを通して構築された体系であった。[119] その意味で、体系は「精神によって魂の吹き込まれた」論理であり、南原が文化人すなわち政治を対象とする「共同体における学問人」、かつ宗教人としての自己規定によって、自らの現実に対する方法・態度を確立し、それを自らの学問的体系において宣言したものでもあった。ここで構築した方法と体系のうえに、以後の南原の「共同体」論は展開される。

3　結――「共同体」論の展開

方法と体系を構築した南原は、以後これを基礎として主に二つの系列の研究を進めることになる。ひとつは、より詳細で具体的な理論を展開しその理念を示すことであり、もうひとつは、理論における諸要素を歴史における変化と発展の相において示すことであった。前者が「フィヒテに於ける国民主義の理論」（一九三四）、「フィヒテに於ける社会主義の理論」（一九三九）、「国家と経済――フィヒテを基点として――」（一九四二）の各論文であり、『フィヒテの政治哲学』（一九五九）としてまとめられる。後者が「プラトーン復興と現代国家哲学の問題」（一九三六）、「基督教の『神の国』とプラトンの国家理念――神政政治思想批判の為に――」（一九三七）、「ナチス世界観と宗教の問題」（一九四一、二）であり、『国家と宗教』（一九四二）にまとめられる。[120]

前者の理論の詳細な展開の系列である「フィヒテに於ける社会主義の理論」においては、フィヒテ前期の「共同体の倫理」から展開された社会主義とフィヒテ後期の国民主義を統一的に理解することを試みている。南原は「フィヒテの政治社会理論の発展に於て、社会主義と民族主義とは実に二つの重要なる根本問題」であったが、フィヒテにおいては「そのままに組織的には統一」されておらず、「これを統一的に理解することが出来、又さうすることが吾々の任務であると思ふ」とこの論文に取り組み、マルクス社会主義や独逸民族社会主義を自然と精神（文化）の同一化による方法論的自然主義と批判し、これらに対してフィヒテを「真正の『民族社会主義』又は『国民社会主義』」の「最初の理論家、少なくとも問題提起者と解すること」は不当でなく、また「問題の提出のみならず、その正しき解決の契機も彼に於て与へられてあると思ふ」[121]と評価する。そして、これを踏まえて書かれた「国家と経済――フィヒテを基点として――」において、個人レベルにおける共同体に対する精神のあり方としては、南原は次のように述べる。「人間個人は、その労働の意義を単に物質的なる生産関係に於てでなく、又勤労奉仕といふが如き啻に全体生活への奉仕に於てでなく、何よりも自らの労働に於て自己の使命を自覚し、これによりて自己の個性を生かすことに於て見出さなければならず、「各々の人がかくの如く自らの使命を達成することに於てその存在の意義を見出すときに」、「初めてその真の共同体的統一が成就せらるるであらう」[122]という。このように描かれた南原の戦前の到達点である国民社会主義における人間の使命としての労働は、理念としては、マルクス主義、ナチス社会主義を批判するものであった[123]。

後者の系列の研究では、南原が一九三六年から取り組んだ「人類歴史を人間精神の必然的発展の過程として観んとする問題史的考察」[124]において方法的展開がみられる。これは、現実の日本が神政政治の様相を増し、「一般民衆」が擬似宗教による「宗教」的紐帯によって共同体に生きているのを目の当たりにするようになり、また思想界においても「本源的な生の統一、世界の原始像としての文化の全体的統一、神話的世界観への復帰」を唱える新プラトン像が出現する時代状況に対し、南原が実際の運動においても学問の上でも、ある決定的な方向に進み始めたことを感じ取ったことによる展開である。[125] 南原にとって政治は学問の対象であるとともに、学問は「共同体における学問」であった。それは現実に共同体において存在しているという意味だけでなく、理論として認識の背後には共同体があることを自ら導いていたものであった。この共同体に対し、実践的には学問人としてあるべき理念を提示することで自己の使命を果たしてきたのであった。しかし現実がある決定的な方向に進んでしまったとき、理念の提示のみでは、新たな局面に入った所与の現実の共同体を認識していることにはならなくなる。進んでしまった現実から何らかの意味を汲み取り、位置づける必要があった。そこで自然から文化（理性）への営みにおいて、存在に対して理念を対置するストレートな進歩ではなく、理念への過程を歴史認識として示すことを試みたのであった。つまり、時代への対峙の方法として、理念を提示するだけでなく、過程を示すことにより歴史における現在を考えたといえよう。それは精神の運動としての「非我の論理」でいえば、これまでの空間軸（論理構造）での展開に対して、構成要素を時間軸において展開し、新たなる制限・否定として同時代の現実を受け止め、それを克服して成立した方法的展開であったといえよう。そして、自らの学問人としてのこれまでの営みに対する時代状況からの否定とその克服においては、宗教人としての「価値と反価値との鋭き対立を前提とし、その対立の厳しさに耐へかねて、そこから超脱」しつつも、「生活と業の力の生命を却て宗教から導き来す」、「人間の側には、イエスの十字架を仰ぐことによって罪が贖われるとともに、それぞれの十字架を負うてイエスに従うことが要求される」ところの「愛と正義の信仰」があったと考えられる。

論文「基督教の『神の国』とプラトンの国家理念——神政政治思想批判の為に——」は、「我邦近代の預言者にして其の愛する祖国と真理の為に生涯を傾け尽して戦はれた故恩師」内村に献げられている[126]。

そして「ナチス世界観と宗教の問題」では、理論における諸要素を歴史における変化と発展に見る観点がより明確に示される。それは、ヨーロッパ文化を「歴史的文化そのものの問題としてでなく」、「文化の本質を決定するところの構成要素と原理的組織の問題[127]」として捉え、その構成要素を「ギリシャ主義」・「キリスト教」・「国家の理念[128]」に求めるところにみられる。それは、南原が追究してきた学問と信仰と共同体の問題であった。この観点から、現代ヨーロッパ文化の危機を、「人間本来の宗教的・形而上学的要求を除外し」、「哲学的叡智を欠」いた「近代精神」・「近代人[129]」の発展とその帰結が本来のヨーロッパ文化の全面的解体を導くという危機と、この危機の克服を目指して興ったナチスが「より大なる混乱と脅威」を加えることになった危機との「両極性[130]」として示したのであった。そして、近代文化の無宗教性を問題としこれを採り上げるとしても、「キリスト教の意義に於ての絶対他者たる神をば論理上の『否定的』なものに解釈し変へるところの弁証論的原理に根本の問題が存在する[131]」というとき、その基底には「非我の論理」とそれを支える「愛と正義の信仰」との、文化的と宗教的に峻別され二重に機能する関係があったといえる。

学問体系が南原の実存的課題を、そして南原自身の現実に対する方法・態度をも組み込みながら構築されてきたゆえに、一九三六年以降の現状認識の変化を自らの学問のなかに昇華することができたのであった。学問的方法と体系の成立として南原における論文「フィヒテ政治理論の哲学的基礎」は重要な位置を占めており、ここで確立された方法と「共同体」論の複合的な要素と論理を、総体として把握しつつ、個々の要素と論理がいかに形成され、[132]いかに継承されたかを考えていくことが、近代日本思想史上に南原の「共同体」論を位置づけることになるであろう。[133]

註

（1）南原繁『フィヒテの政治哲学』（岩波書店、一九五九）一二七頁。第二部第一章「自由主義の理論」として発表された部分である。なお、南原「フィヒテに於ける社会主義の理論（一）」（『国家学会雑誌』第五三巻第一二号、一九三九、九頁）において「此の期の思想は別に併せて考察する予定である。」とある。

（2）南原繁「カントに於ける国際政治の理念」（『小野塚教授在職二十五年記念・政治学研究』第一巻、岩波書店、一九二七。同『国家と宗教』、岩波書店、一九四二。なお、本論文における引用は初出による。）

（3）南原繁「政治原理としての自由主義の考察」（『国家学会雑誌』第四二巻第一〇号、一九二八）

（4）南原繁「フィヒテ政治理論の哲学的基礎（一～四）」（『国家学会雑誌』第四四巻第一一・一二号、一九三〇、第四五巻第五・九号、一九三一。同前掲『フィヒテの政治哲学』、所収。なお、本論文における引用は初出による。）
（5）南原繁「国家と経済――フィヒテを基点として――」（『東京帝国大学学術大観　法学部　経済学部』東京帝国大学、一九四二。同前掲『フィヒテの政治哲学』、所収。なお、本論文における引用は初出による。）三九四頁。
（6）南原、前掲『フィヒテの政治哲学』、一三一頁。
（7）南原、同上書、一三二頁。
（8）南原、同上書、一三二～一三三頁。ここにおける「自由」には「個人を超する客観的秩序の中に身を置くことに依り始めて自由が可能」になるという「自由」も含む。（後掲註（47）参照）
（9）南原、前掲「カントに於ける国際政治の理念」、五〇二頁。南原の戦後までの一貫した平和論については、苅部直「平和への目覚め――南原繁の恒久平和論――」（同『歴史という皮膚』岩波書店、二〇一一、所収）を参照のこと。
（10）南原、同上論文、五二一～五二二頁。
（11）南原、同上論文、五一三頁。
（12）南原、同上論文、五〇六頁。
（13）南原、同上論文、五〇九頁。
（14）南原、同上論文、五一〇頁。
（15）南原、同上論文、五一九～五二一頁。

(16) 南原、同上論文、五三三頁。
(17) 南原、同上論文、五三五頁。
(18) 南原、同上論文、五三六～五三七頁。
(19) 南原、同上論文、五六〇～五六一頁。
(20) 南原、同上論文、五六一～五六二頁。
(21) 南原繁『学問・教養・信仰』(近藤書店、一九四六。『南原繁著作集』第六巻、岩波書店、一九七二)
(22) 南原繁「内村鑑三先生生誕百年に思う」は、一九六一年四月一六日、日本テレビ放送で述べたもの。(南原繁『日本の理想』岩波書店、一九六四、所収。『南原繁著作集』第九巻、岩波書店、一九七三)
(23) 南原、同上論文、三五二～三五三頁。
(24) 内村鑑三「羅馬書の研究　第二〇講　神の義(四)」(『聖書之研究』二五四号、一九二一年九月一〇日、『内村鑑三全集』第二六巻、岩波書店、一九八二)一九〇～一九一頁。
(25) 南原、前掲「内村鑑三先生生誕百年に思う」、三五三頁。
(26) 内村鑑三「羅馬書の研究　第八講　問題の提出(二)」(『聖書之研究』二四九号、一九二一年四月一〇日、前掲『内村鑑三全集』第二六巻)九一頁。
(27) 内村鑑三「聖書と来世問題」(『聖書之研究』三三五号、一九二八年六月一〇日、『内村鑑三全集』第三一巻、岩波書店、一九八三）一七六頁。

（28）内村と浄土門との関係については、大濱徹也「内村鑑三と浄土門」（『日本宗教の複合的構造』弘文堂、一九七八）を、また、社会運動家における「現世救い主義の『救い』観念」と内村との違いについては、藤田省三「大正デモクラシー精神の一側面」（同『維新の精神』第三版、みすず書房、一九七五、一〇三頁）を参照のこと。

（29）南原繁「内村鑑三先生　第二　著作」（原題「日本国と基督教」として、鈴木俊郎編『追想集内村鑑三先生』岩波書店、一九三四、所収。前掲『南原繁著作集』第六巻）八五頁。

（30）内村鑑三「事実の信仰」（『新希望』六四号、一九〇五年六月一〇日。『内村鑑三全集』第一三巻、岩波書店、一九八一）一五七頁。

（31）大塚久雄「事実の信仰」（『内村鑑三信仰著作全集』第一〇巻月報、教文館、一九六一。『大塚久雄著作集』第一〇巻、岩波書店、一九七〇）一二四頁。

（32）南原繁「内村鑑三先生　第一　人」（『内村鑑三追憶文集』一九三一、所収。前掲『南原繁著作集』第六巻）七八～七九頁。

（33）内村の「日本の平民」については、大塚久雄「風呂を焚く」（『内村鑑三著作集』第一〇巻月報、岩波書店、一九五四。前掲『大塚久雄著作集』第一〇巻）、三浦永光「内村鑑三の『平民』の論理とその社会的基盤――社会批判と非戦論の根底にあるもの――」（『内村鑑三研究』第六号、一九七六）を参照のこと。また、丸山真男は、福沢諭吉と内村を対照するなかで「『中等種族』

〔福沢〕を中核とする平民主義と、『下流の日本人』〔内村〕を担い手とする平民主義」と表現している。（丸山真男「福沢・岡倉・内村」、同『忠誠と反逆』筑摩書房、一九九二、二八三頁）

（34）内村鑑三「都会か田舎か」（『聖書之研究』九九号、一九〇八年五月一〇日。『内村鑑三全集』第一五巻、岩波書店、一九八一）四六六〜四六七頁。

（35）丸山真男・福田歓一編『聞き書南原繁回顧録』（東京大学出版会、一九八九）三三頁。

（36）「射水町村長会議」『富山日報』一九一七年七月二六日。

（37）南原繁「序」（片口安太郎氏を讃える会編『米寿記念江東詩鈔』同会発行、一九六二）三頁。

（38）内村鑑三「羅馬書の研究　第五三講　政府と国家に対する義務」（『聖書之研究』二六六号、一九二二年九月一〇日。前掲『内村鑑三全集』第二六巻）四〇四頁。

（39）内村、同上論文、四〇五〜四〇六頁。

（40）南原繁「プラトンの理想国とキリスト教の神の国（上）」『聖書之研究』三五七号、一九三〇年四月二五日。

（41）南原、同上論文、二二頁。

（42）内村鑑三「義の宗教」（『聖書之研究』二四六号、一九二一年一月一〇日。前掲『内村鑑三全集』第二六巻）六頁。

（43）内村の「近代人」批判は、一九一四年に始められている（鈴木範久『内村鑑三の人と思想』岩波書店、二〇一二、一九七頁）。

また、内村が再臨運動を行う決定的転機となったのは、一九一七年における第一次世界大戦へのアメリカの参戦であり、内村は、アメリカがヨーロッパ諸国間の戦争に対して厳正な局外中立を守り、自国の豊かな富を投じて諸国の戦禍の賠償にあて、世界的戦争を買い取ることを望んでいた。これは他の罪のために、他に代わって苦しみ、そのことにより、他の罪を代わって贖う、キリストの贖いとのアナロジーで捉えられていた。この期待を失った内村が再臨運動において批判したのは、「近代的キリスト教」であり、ウイルソン的な民主化と国際協調であり、それに同調する日本の大正デモクラシーの運動であった。そして、それは「近代人」への批判にもつながっていた。(松沢弘陽「近代日本と内村鑑三」『日本の名著38　内村鑑三』中央公論社、一九七一、五八~六五頁)

(44) 南原、前掲「内村鑑三先生　第一　人」、八〇~八一頁。

(45) 南原、前掲「内村鑑三先生　第一　人」、七九頁。

(46) 南原繁「内村鑑三先生　第三　追想」(『基督信徒之友』一九三五年三月号。前掲『南原繁著作集』第六巻)九三頁。

(47) 南原繁「フィヒテ政治理論の哲学的基礎(一)」(『国家学会雑誌』第四四巻第一一号、一九三〇)一~二頁。

なお、南原は「政治原理としての自由主義の考察」(『国家学会雑誌』第四二巻第一〇号、一九二八、一二七五~一二七六頁)において、「個人を超する客観的秩序の中に身を置くことに依り始めて自由が可能にせられ」る、あるいは「共同体の倫理」などに触れているが、志向を示しているに止まっている。そこでは、自らの学的課題を次のように述べている。

「我らの求むる普遍と新原理は、個人の自由と平等の有るべき観念を包摂するものでなければならぬ。換言すれば個人を超する客観的秩序の中に身を置くことに依り始めて自由が可能にせられ、個々人の具体的不平等を以てして尚よく平等たり得る底の普遍たるを要する。又自由主義の反対は決して必然に保守的政治原理に導くものでない。其処には歴史と権威に就いての正当なる評価が払はれて、経験的の制約に応じて不断の努力を認むる真正の『進歩』と『改革』の観念が基づけられなければならぬ。それは又同時に共同体の倫理の問題を解決するものであり、且批判的認識論の基礎の上に立つものでなければならぬ。斯の如き政治的原理の理念は何であるか。」

そして、「私も『文化』の理念を追求することに依り、以上の如き要求を抱いて、此の困難な然し求めなければならぬ道を辿らんとするもの」であり、その「詳細の論理的構造は蓋し生涯の業」であると述べていた。

(48) 南原、前掲「フィヒテ政治理論の哲学的基礎(一)」、一一頁。
(49) 南原、同上論文、一六頁。
(50) 南原繁「フィヒテの政治理論の哲学的基礎(四・完)」(『国家学会雑誌』第四五巻第九号、一九三一)、九二頁

(51) 南原繁「フィヒテ政治理論の哲学的基礎(二)」(『国家学会雑誌』第四四巻第一二号、一九三〇)九七頁。
(52) この「非我の論理」と南原の「共同体」論の構成との関係については、拙稿「南原繁の『フィヒテ的思惟』と『共同体』論の構成——『非我の論理』をめぐって——」(『年報日本史叢』二〇〇六、筑波大学大学院人文社会科学研究科歴史・人類学専攻(日本史領域)、二〇〇六)を参照のこと。本論は、「愛と正義の信仰」との関連も組み込み学問的世界の成立を把握しようとする試みである。
(53) 南原、前掲「フィヒテ政治理論の哲学的基礎(一)」、四頁。
(54) 他者の問題、相互人格性の問題についてのカントとフィヒテの関係は次のように位置づけられている。「カント倫理学が他の人格を前提しているだけで、これを根拠づけていないことをフィヒテはその欠陥とみなし、他の人格を自我の原理から説明しようとする。この点で、フィヒテは自我の相互人格的性格に注目した近代の先覚者であると評価されなければならない。彼は主体の自発性を徹底させるなかで、他の主体を根拠づける課題に必要に直面したのであり、カントのアウトノミーにおける意志の自発性と相互人格性とのそれぞれの側面についての考察を深化させ、両面を再び統一したといえる。」(高田純『実践と相互人格性——ドイツ観念論における承認論の展開』北海道大学図書刊行会、一九九七、一四四頁)
(55) 南原繁「フィヒテの政治理論の哲学的基礎(三)」(『国家学会雑誌』第四五巻第五号、

一九三二）六二頁。
(56) 南原、前掲「フィヒテ政治理論の哲学的基礎（二）」、九九頁。
(57) 南原、前掲「フィヒテ政治理論の哲学的基礎（一）」、二五頁。
(58) 南原、前掲「フィヒテの政治理論の哲学的基礎（三）」、六一頁。
(59) 南原、前掲「フィヒテ政治理論の哲学的基礎（二）」、九七頁。
(60) 南原、同上論文、九七〜九八頁。
(61)「『他者』の概念をもって自己と同じ他の自由な理性的存在者を抽出し、かようにして感性界における個我の交互関係において、知識の『自己意識』可能の新しい条件として立て、ここに社会の理論的認識の根拠を据えた……。ここに一切の権利関係の基礎があり、さらに、この法律哲学的権利概念に根拠して彼の経済的な社会主義国家の構想された……、いずれもその背後にかような社会共同体の理念を考えるのである。」と表現している。（南原繁「フィヒテに於ける社会主義の理論（二）」『国家学会雑誌』第五四巻第五号、一九四〇。同前掲『フィヒテの政治哲学』二一五頁）
(62) 南原、同上論文、一〇一頁。
(63) 南原、同上論文、一〇七頁。
(64) フィヒテ『自然法論』における法ないし権利の概念については、「ホッブズを含め、総じてフィヒテ以前の社会契約論では、自然状態にあって人間は自由をはじめとするさまざまな能力をそなえた個体としてすでにできあがっている、と独断的に仮定されている。フィヒテが拒否するのはこの仮定である。人間は人間のあいだでのみ、つまり共同関係においてのみ、現実的な個体となる。そしてこの共同性は、各人の自由による自由の制限なしには成り立たない。したがって、法ないし権利の概念は理性的存在者の本質に含まれているのである」(藤澤賢一郎「『知識学の原理による自然法の基礎』解説」『フィヒテ全集・第六巻「自然法論」』哲書房、一九九五、五七五頁)。ここでは、自然状態にあって人間は自由をはじめとするさまざまな能力をそなえた個体としてすでにできあがっていることを「個我の交互関係の前提」と、共同関係においてのみ現実的な個体となるということを「個我の交互関係を前提」と表現している。

(65) 南原、前掲「フィヒテ政治理論の哲学的基礎(二)」、一〇六頁。
(66) 南原、同上論文、一〇二～一〇八頁。
(67) 南原、同上論文、一〇七～一〇九頁。
(68) 南原、同上論文、一一一～一一二頁。
(69) 南原、同上論文、一一二頁。
(70) 南原、同上論文、一二〇～一二一頁。
(71) 南原、同上論文、一二二頁。
(72) 南原、同上論文、一二三頁。
(73) 南原、前掲「フィヒテの政治理論の哲学的基礎(四・完)」、六九頁

(74) 南原、同上論文、七〇頁。
(75) 南原、前掲「フィヒテ政治理論の哲学的基礎（二）」、一二三～一二四頁。
(76) 南原、前掲「フィヒテの政治理論の哲学的基礎（四・完）」、五九頁。
(77) 南原、前掲「フィヒテの政治理論の哲学的基礎（三）」、四〇頁。
(78) 南原、同上論文、四二～四三頁。同趣旨は、南原、前掲「フィヒテの政治理論の哲学的基礎（四・完）」、八五～八六頁。
(79) 南原、前掲「フィヒテの政治理論の哲学的基礎（四・完）」、八五頁。
(80) 南原、前掲「フィヒテの政治理論の哲学的基礎（三）」、四四～四五頁。
(81) 南原、同上論文、四六頁。
(82) 南原、前掲「フィヒテの政治理論の哲学的基礎（四・完）」、六七頁。
(83) 南原、同上論文、五八頁。
(84) 南原、同上論文、九一頁。
(85) 南原、前掲「フィヒテの政治理論の哲学的基礎（三）」、五六頁。
(86) 南原、同上論文、五九頁。
(87) 南原、前掲「フィヒテ政治理論の哲学的基礎（一）」、二一頁。
(88) 南原、前掲「フィヒテの政治理論の哲学的基礎（三）」、五九頁。
(89) 南原、同上論文、六〇～六一頁。

(90) 南原、同上論文、六〇頁。
(91) 南原、同上論文、六二頁。
(92) 南原、同上論文、六四頁。
(93) 南原、同上論文、六五頁。
(94) 南原、同上論文、六五頁。
(95) 南原、同上論文、六六頁。
(96) 南原、同上論文、六六頁。
(97) 南原、同上論文、六七頁。
(98) 南原、前掲「フィヒテの政治理論の哲学的基礎(四)」、八九頁。
(99) 南原、同上論文、八一~八二頁。
(100) 南原、前掲「フィヒテの政治理論の哲学的基礎(三)」、七一頁。
(101) 南原、前掲「フィヒテの政治理論の哲学的基礎(四)」、八八頁。
(102) 南原、前掲「フィヒテの政治理論の哲学的基礎(三)」、七二~七四頁。
(103) 南原、前掲「フィヒテの政治理論の哲学的基礎(四)」、六四頁。
(104) 南原、同上論文、五七~五八頁。
(105) 南原、同上論文、八三頁。
(106) 南原、同上論文、六二頁。

（107）南原、同上論文、六五頁。
（108）南原、同上論文、五九～六〇頁。
（109）南原、同上論文、七四～七五頁。
（110）南原、同上論文、七五～七六頁。
（111）南原、同上論文、六九頁。
（112）南原、同上論文、七〇頁。
（113）南原、同上論文、七四頁。
（114）南原、同上論文、七一～七二頁。
（115）南原、同上論文、七二～七三頁。
（116）南原、同上論文、八六頁。
（117）南原、同上論文、八三～八四頁。
（118）南原、同上論文、八二～八三頁。
（119）東京帝国大学法科大学に在学していた南原は、母校大川中学校の『校友会雑誌』第五号（香川県立大川中学校校友会発行、一九一一）に掲載された「突貫主義を論じて籠城主義に及ぶ」（「わが歩みし道　南原　繁」編集刊行委員会編『わが歩みし道　南原　繁――ふるさとに語る――』香川県立三本松高等学校同窓会発行、一九九六、所収）と題する一編において、在校生に向かって「自己の天職を自覚する」ことについて語っている。そこでは現状に安住し、前途を自ら切り開かない有り様に対して、突貫主義を主張するが、その突貫も、「不義」への突貫は否定され、一転籠城主義を主張する。突貫も籠城も「正義の為」である。「労働者可なり。官吏可なり。実業家可なり。ただ各々以て自己の天職と自覚するところを為せば足る」と述べ、天職の自覚を、自己の労働のなかに正義を見出していくことと関連させながら語っている。南原において自己の営みをいかに世界観のなかに位置づけるかは、青年期から常に問い続けていたことであった。

(120) この過程のなかでも理論の詳細な展開は、歴史叙述へも反映し、相互に関連しながら進められる。

(121) 南原繁「フィヒテに於ける社会主義の理論（三・完）」（『国家学会雑誌』第五四巻第一二号、一九四〇）六四頁。

(122) 南原、前掲「国家と経済――フィヒテを基点として――」、三八八～三八九頁。

(123) 現実の総力戦体制においては、「徴用と転廃業が受動的に強行される」ことによって「日本における職業のモラル〔ベルーフ〕の醗酵地としての『家業』」は分散され、「もはや労働は如何なる内面的使命感からも支えられはしない」という状況があった。（藤田省三「天皇制とファシズム」『岩波講座現代思想』V、一九五七。同『天皇制国家の支配原理』第二版、未來社、一九九〇、一五二頁）　各々にとっては行き場のない精神が漂うことになるが、そうした位相における主体のあり方を、どのように捉えるのか。南原と同じく内村の信仰を継承した矢内原忠雄を師とし、戦時下における資本制企業での勤務のなかで企業の構造を内側から生体解剖し、そして企業の職員・労働者を通じる人間関係の悪しき構造を内側にいて変え、そこに正しい関係を作り出すことを自己のキリスト者としての使命とした藤田若雄の営みに、戦後への継承を考えることができる。藤田若雄の使命獲得の歩みについては、松沢弘陽「ある青春」（藤田起編『藤田若雄　信仰と学問』教文館、一九八一）を参照のこと。

（124）南原繁「基督教の『神の国』とプラトンの国家理念――神政政治思想の批判の為に――（一）」（『国家学会雑誌』第五一巻第一〇号、一九三七）一二頁。松沢弘陽は、南原と同じ小野塚喜平次門下の蠟山政道との違いを、歴史を超越した国家の理想と現実との間には人間的努力と人間的認識の埒をこえる断絶があることの認識の有無に見ている。これが一つの大きな契機となって、思想的に多くの共通するものをもつ国家自由主義者（真の人格＝自由の完成は国家共同体においてのみ可能とする）を、翼賛運動への対応を通じて別つことになったと指摘している。（松沢弘陽「社会主義と自由民主政――大正デモクラシーから民主社会主義まで――」『日本社会主義の思想』筑摩書房、一九七三、三一二頁）

（125）南原の一九三六年からの問題意識の転回と共同体論の内容的展開については、拙稿「南原繁の『共同体』論――一九三六年における転回――」（『年報日本史叢』一九九五、筑波大学　歴史・人類学系、一九九五）を参照のこと。

（126）南原、前掲「基督教の『神の国』とプラトンの国家理念――神政政治思想の批判の為に――（一）」、一頁。内村の再臨運動期における信仰の深化と南原の学問体系との関係についいは、拙稿

「内村鑑三と南原繁──『天国と此世との接触面』──」(『日本史学集録』第二〇号、筑波大学日本史談話会、一九九七)を参照のこと。

(127) 南原繁「ナチス世界観と宗教の問題(三・完)」(『国家学会雑誌』第五六巻第四号、一九四二)三〇頁。

(128) 南原、同上論文、三〇〜三五頁。

(129) 南原繁「ナチス世界観と宗教の問題(一)」(『国家学会雑誌』第五五巻第一二号、一九四一)七〜八頁。

(130) 南原、前掲「ナチス世界観と宗教の問題(三・完)」、三八頁。

(131) 南原、同上論文、五五頁。

(132) 本論では内村鑑三からの継承を中心に論じたが、南原が「哲学すること」を学んだという筧克彦との継承関係も検討する必要があるであろう。南原は、『政治哲学序説』において、「わが国において上杉慎吉の道徳的国家論がプラトン的色彩を帯びているのに対して、筧克彦の普遍我としての国家の観念は多分にヘーゲル哲学の影響下にあるものと解していいであろう。」(南原『政治哲学序説』岩波書店、一九八八、二〇八頁)と位置づけている。南原と筧の関係については、池田元「南原政治哲学の成立──『絶対者』信仰と『政治』共同体──」(同『丸山思想史学の位相──「日本近代」と民衆心性──』論創社、二〇〇四、所収)を参照のこと。

(133) 南原の学問形成の時代背景となる第一次世界大戦後の国際政治論をめぐる環境は、人格の成長可能性ないし相互扶助的共同社会性に基づく理想主義的な人間観を根底に持つ普遍主義的国際政治観の代表としての吉野作造と、原罪的人間観と終末論的な再臨説からウィルソン主義を批判した内村鑑三の対立の構図によって捉えられている（酒井哲哉「戦後外交論の形成」、同『近代日本の国際秩序論』岩波書店、二〇〇七、一二五頁）が、南原の構築した学問体系には二つの人間観が批判的に組み込まれていると考えられる。

（二〇一二・七・二〇）

内村鑑三と南原繁――「天国と此世との接触面」――

1 はじめに

南原繁は、「我邦近代の預言者にして其の愛する祖国と真理の為に生涯を傾け尽して戦」った「恩師」と内村鑑三を評しているが、南原もまた、内村を範としながら「祖国と真理」のために戦った「学問人」である。[1] 本論では、内村の「デンマルク国の話」(一九一一年)、『基督再臨問題講演集』[2](一九一八年)――前者は南原が内村に入門を許された直後のもの、後者は南原が富山県射水郡長の職務を「自分の公職も極する処之にあり」と応じた内村の再臨運動に関する講演集――と、南原の学問的立場である価値並行論を中心に、主として論理構造の上でその継承関係を明らかにすることを目的とする。

2 天国と此世との接触面――「デンマルク国の話」を読む――

南原の数年先輩にあたる藤井武は柏会創設以来の会員であるが、その入信の頃(一九〇九〈明治四二〉年頃)のことを次のように回想している。

「私たちの学生時代には内村鑑三の名を知らぬ青年はなかつた。私も何時の頃からか、友人に借りては、『聖書之研究』などを読んでゐた。併し初の間先生の筆は私に訴へなかつた。それは私の要求がむやみに主観的の方面にあつたからであつた。私は想うた、先生の説かるるところは常に天国と此世との接触面であり、信仰生活の外郭である。何故に先生はもつと深く信仰独自の消息を伝へられないのであらうかと。[3]」

内村は盛んに「天国と此世との接触面」を説いているように受けとめられていたと思われる。「デンマルク国の話」もまた、此世の事と信仰、つまり文化と宗教の関係を説いたタイプの話である。まず、その概要を押えておく。現在のデンマルクは、一八六四年の敗戦からの復興によって支えられている。この敗戦による「国に幽暗の臨みし時」に、「精神の光」つまり宗教が必要とされた。それは、まずダルガス親子について述べられる。内村はダルガス親子を、フーゲノット党すなわちフランスのカルヴァン派（ユグノー）の流れを引く「詩人」であるとともに、土木学者・地質学者としての「実際家」であると描いている。この「詩人」・「預言者」かつ「実際家」という人間像は、内村自身の好むタイプであり、またもと「天然学者」、現在「聖書研究者」という内村自身を投影しているといえよう。内村にとって「宗教は詩人と愚人とに佳くして実際家と智者に要なしなどと唱ふる人は歴史も哲学も経済も何にも知らない人であります、国に若し斯かる『愚かなる智者』のみありて、ダルガスの如き『智き愚人』が居りませんならば、不幸一歩を誤りて戦敗の悲運に遭ひますならば、其国は其時倏ちにして亡びて了ふのであります」

と、単なる「実際家」は「愚かなる智者」に過ぎず、また一方で、単に信仰のみでは「夢想家」とみなされる。「天国と此世の接触面」を生きる「智き愚人」ダルガス親子が積極的に評価されるのである。しかも、フーゲノット党の信仰を持っていたのは、ダルガス親子のみならず、デンマルク人全体であったところに、一八六四年の敗戦からの復興、「外に失ひし所の者を内に於て取返す」という平和主義の精神に基づく復興が成し遂げられたというのが、この「デンマルク国の話」の概要である。

この背景には、過去十数年の間に、「実際的に国土を失ひ、政府を失ひ、独立を失」った朝鮮国が「霊の財」を以て報われる一方で、「地上に於て多くの物を獲た」日本国が「霊に於て多くを失」い、士気も衰え、道徳も堕ち、社会は壊れつつあるという状況認識がある。[4] こういった状況のなかで、「デンマルク国の話」は「外に失ひし所の者を内に於て取返す」精神に基づき、行き詰まりのなかから「精神の光」をもつことで、活路を見いだしていくことを求めている。具体的な影響の例としては、那須皓が訳したデンマークについて書かれた『国民高等学校と農民文明』と相俟って、内務省の地方改良運動の動きとも関連した、藤井武の山形自治講習所の設立などがあげられる。[5]

ここではひとまず、「デンマルク国の話」が此世と天国との関係、「国に幽暗の臨みし時に精神の光が必要になる」という関係のなかで、ダルガス親子かつデンマルク国民が信仰を持ちながら「実際家」であるという「智き愚人」として描かれていることを確認しておく。

3　政治の理想へ――内村の再臨信仰――

内村は一九一八（大正七）年、再臨運動を起こす。[6] この再臨信仰が内村のなかでどのように位置づけられているかを述べたものが、「聖書研究者より見たる基督の再来」「信仰の三段階」などである。内村は言う。

「余の学問の傾向と時勢の成行とは余をして絶望の深淵に陥らしめた、余は茲に行き詰《づま》つたのである、（中略）愚かなりし哉久しき間此身を献げ自己の小さき力を以て世の改善を計らんとせし事、こは余の事業《ビジネス》ではなかつたのである、キリスト来りて此事を完成し給ふのである、平和は彼の再来に由て始めて実現するのである。[7]」

ここで言う「余の学問の傾向」とは、進化論を基礎とする天然観と歴史観であり、「時勢の成行」とは、第一次世界大戦の勃発とこれへの米国の参戦を指している。つまり、進化論を基礎とする歴史観によれば、平和は人間の進化の延長線上にあるはずである。そして、内村もそれへ向けて「世の改善を計らん」としてきた。しかし、内村が見たのは一九一四（大正三）年に勃発した第一次大戦とその拡大であった。平和への期待は地上においてどこにも見当らないのである。

ここに政治の理想である平和はキリストの再来に由て始めて実現するという再臨信仰が内村のなかで確信を帯び、聖書のなかの「尚ほ解すべからざる何者か」という問題が解けることになるのである。

このことは、内村の信仰の深化としても表現される。「信仰の三段階」がそれである。

「始に召《まねき》あり、次に義とせらるゝあり、終に栄を賜はるあり、神は先づ外側の境遇と内心に於ける罪の自覚とを以て我等を召《まね》き給ふ、次に我等が多くの無益なる努力を重ねし後十字架上に於けるキリストの贖罪を認むるに由て我等を義とし給ふ、而して最後に末《おはり》の日に於て我等に栄を賜ふ事を確実なる希望として認めしめ給ふのである(8)」

再臨信仰とは、信仰の第三段階つまり最終段階における「栄を賜ふことを確実なる希望として認めしめ給ふ」こと、「永遠の未来」への確信を得ることである。内村において平和は「永遠の未来」への確信によって支えられることになる。しかし、それはあくまでも第三段階であり、第一段階と第二段階を飛ばしてあるものではない。内村にとってこの第一・二段階とは、札幌での入信、浅田タケとの軽率な恋愛にたいする「罪の自覚(9)」、アメリカでの白痴院での活動などの「無益なる努力」とアマスト大学シーリーによる福音である。そして、聖書の研究を天職として福音を広めようとする帰国後の活動の結果として再臨運動にいきついたのである。

この再臨信仰の内容をよく示しているものとして「ツルーベツコイ公の十字架観」があげられる。ツルーベツコイ公の十字架観の根本概念とは「天なる縦木が地なる横木を貫きて之を上に携へ昇らんとする所に十字架の意義」を見いだすものである。「天」に属するものが信仰であり、「地」に属するものが肉体、社会、文明である。この関係を次のように述べる。

「人生横《よこ》を以て尽きず又縦《たて》のみを以て足らず、政治経済殖産興業は人生の目的ではない、然れども此世を棄て丶純粋なる霊的生活のみを営む事が人生ではない、神の此地を造り給ひしは之を棄てんが為めに非ずして之を天国と化せんが為めである(10)」

そして基督者の任務は次のように規定される。

「基督者は自己一人の救拯を以て満足する事が出来ない、彼にして若し周囲を顧みる事なく独り天国に入らんと欲せば即ち唯平和あるのみである、然れども福音は之を許さない、福音の性質は縦木を以て横木を貫き之を携へて天に昇るに在る、基督者は此世の不信者の間に入り自ら血を流して彼等を天に携へ往かなければならない、家庭と社会と国家との一切を携へ往かなければならない(11)」

信仰の第一段階、第二段階は、人が神によって召され義とせられるという、「自己一人の救拯」つまり個人と神との関係についてのものであった。しかし、第三段階は基督者にとって此世における自己の福音が周囲に及ぼした結果として現れる「家庭」、「社会」、「国家」という「地」の問題と神の関係についてのものとなる。「日本国の大困難」(一九〇三年)などで日本そのものの行く末を自己のものとしてきた内村にとって、この国家・社会の問題と信仰の関係はここではじめて論じられたわけではない。しかし、信仰の深化として改めて第三段階ということを提唱することを考えあわせれば、個人と神との関係から社会・国家への信仰の深まりは、この時期以前と比べて新たな意義を付与されていると考えることが出来よう。逆に言えば、国家・社会の問題も信仰を以てしか解けないと確信したということである。

4　南原の価値並行論

ここまで、内村における此世と天国との接触面を、大枠において「デンマルク国の話」のダルガス親子を中心にして見、此世の面つまり「地」の問題において個人から国家・社会へと広がっていくことに対応した信仰の深化を『基督再臨問題講演集』によって見てきた。この此世と天国との接触面について南原の政治哲学ではどのように論じられているのであろうか。

まず、此世の側面とは南原においては文化価値の体系としてとらえられる。

「政治的社会価値を道徳的人格価値および論理的真理価値等と独立して、その自律固有性において承認しようとする以上の主張は、とりも直さず、これら文化の諸価値を相互に並列の関係に置こうとするものである。かの絶対価値として挙げられるものは、真・善・美の三者をもって尽きるとなすことができず、あたかもこれら三者相互の間と同様、新たに得た政治的社会価値の正義を、ともに並列の関係におくことが要求されなければならない。[12]」

この絶対価値としての真・善・美・正義を並列の関係に置くことをもって、南原の文化価値の体系は「価値並行」論として示される。そして政治的社会価値を新たに加えるところに南原の固有性はある。また、南原において人間の個性は、自然の所与のなかに見いだされるものではなく、その所与を通してそれぞれの文化価値を実現せしめんとするなかにあるととらえられており、そこに人間の活動を意義づけしている。真理のため、善のため、美のため、正義のため、それぞれ生き戦うことのなかに、人間の個性を見いだすということである。そしてこの文化価値のための戦いは、「精神の光」である宗教によって支えられる。

すなわち、此世と天国との接触面、南原のことばで言えば文化と宗教との関係は、次のように述べられる。

「およそ宗教は、一切の文化の価値を超越し、それ自体、超価値の世界にその境地を有するものである。その意味は、初めから宗教が価値に冷淡または無関心であるのではなくて、かえって、価値と反価値との鋭い対立を前提とし、それ故にこそ、その対立の厳しさに耐えかねて、そこから超脱することが要求されるのである。[13]」

そして文化人と宗教人の関係も、「宗教人は、いずれの文化的価値生活のなかにも入りこみ、そのただ中にあって、神と偕にある生活を生き得るばかりでなく、文化人としてのもろもろの生活と活動の力と生命をかえって宗教から導き出すことができるであろう」と両者の相互関係を規定している。ここには、先に述べてきたダルガス親子、あるいは「基督者の任務」と同型の人間像が描かれている。

5　おわりに

南原は、内村が晩年ギリシャ古典特にプラトンあるいはアリストテレスの勉強をはじめていたことを以下のように評している。

「そこに先生の先生らしい面目と本質とを窺わしめるものがあると思う。それは、およそ真なるもの、美なるもの、善なるものに対する先生の尊敬と愛好の然らしめたところであるとともに、なかんずく先生が政治と政治的共同体の価値を高く評価され、それに対する熱情を持たれていたことを示すものとして、自分には特に意義深いものがある。(14)」

真・善・美に加えて政治的価値たる正義を自らの価値体系に加えたとき、南原のなかに具体的像として信仰に支えられながら政治的価値に個性を発揮した人としてとらえられていたのは、内村であった。「思想の体系と結構とはなくとも」と断りながらも、「プラトン、アリストテレスの流を汲む近世理想主義政治哲学の精神を確然と把持」し、「自らの実践において生き戦い、そのために死したのは先生」であったと南原がいうとき、南原政治哲学の核心とも言うべき政治的価値の、歴史における体現者として内村鑑三が評されている。そして、南原が改めてこの内村に献ぐとして書いた論文が、「基督教の『神の国』とプラトンの国家理念――神政政治思想の批判の為に――」(一九三七)であり、この論文は後に『国家と宗教』(一九四二)としてまとめられた他の論文とともに、南原が最も根底的に時代状況に対して行なった学問的抗議、つまり政治的価値と宗教の関係における擬似宗教、擬似共同体批判なのであった。内村が再臨信仰を信仰の第三段階として位置づけ、個人と神との関係から、社会・国家と自己の信仰の関係へと深化させたことは、南原においては政治と宗教の理論的関係として探求され、しかも、南原にとって政治とは単なる理論上のものではなく、自らの学問的実践のなかで戦われる価値として位置づけられていくのであった。ただ、内村が日本国に対して、否、世界の戦争熱に対して起こした再臨運動は、その時期の南原においては「自分の公職も極する処之にあり」と富山県射水の郡長としての公職を、「主が再臨為さる迄に、自分の預かり居る処を充分に手入し、綺麗にして、主に御返へし申さん」と、自らの仕事への意義づけとして受け止められるにとどまった。自己の営みの結果から国家・社会と宗教の関係を論ずるという信仰の深化は、フィヒテ研究によって自らの政治哲学を成立させたのち、『国家と宗教』によって継承されたのである。

註

（1）南原繁「基督教の『神の国』とプラトンの国家理念——神政政治思想の批判の為に——」『国家学会雑誌』第五一巻第一〇号、一九三七、一～二頁。なお、南原の「学問人」としての自己規定については、拙稿「南原繁の『共同体』論——一九三六年における転回——」（『年報日本史叢一九九五、筑波大学　歴史・人類学系、一九九五）を参照のこと。

（2）『内村鑑三全集』岩波書店、第一八巻、第二四巻所収。

（3）藤井武「先生と私」一九三〇、『藤井武全集』岩波書店、第一〇巻、一一三頁。

（4）内村鑑三「朝鮮国と日本国——東洋平和の夢——」一九〇九、『内村鑑三全集』第一七巻、六八～七一頁。

（5）藤井武「山形県立自治講習所設置ノ義」『藤井武全集』第九巻、二六三～二六八頁。

（6）内村の再臨運動を基礎づけていた「鋭く真実を衝い」た「現実に対する事実認識」が、「普遍者の形成と個別的実体の自覚とをかかわりあわせようとする本来の意味での『思考』」によって生み出されたことを、「国家を超越する普遍者を形成しようとする思考の方向」が出されるようになる日露戦争後の時代状況のなかで論じたものに、藤田省三「大正デモクラシー精神の一側面」一九五九（『維新の精神　第三版』みすず書房、一九七五、所収）がある。

（7）内村鑑三「聖書研究者より見たる基督の再来」『内村鑑三全集』第二四巻、六〇頁。

（8）内村鑑三「信仰の三段階」『内村鑑三全集』第二四巻、一四二頁。

（9）政池仁『再増補改訂新版　内村鑑三伝』（教文館、一九七七）一一八頁。

（10）内村鑑三「ツルーベツコイ公の十字架観」『内村鑑三全集』第二四巻、二八八頁。

（11）内村、同上論文、二九〇頁。

（12）南原繁「フィヒテ政治理論の哲学的基礎（四）」一九三一（『フィヒテの政治哲学』岩波書店、一九五九。『南原繁著作集』第二巻、岩波書店）一四七頁。

（13）南原、同上論文、一五六頁。

（14）南原繁「追想」一九三五、『南原繁著作集』第六巻、八六〜八七頁。

（一九九七・一・二五）

南原繁の「フィヒテ的思惟」と「共同体」論の構成

——「非我の論理」をめぐって——

1　はじめに

南原繁の中心理論である「共同体」論は、その形成・構造・展開の全体像を視野に入れようとするとき、未だ十分に解明されておらず、近代日本思想史上の正当な位置づけを得ているとはいえない。[1] 丸山真男は、南原の『フィヒテの政治哲学』(一九五九)の書評において、南原が共同体論を展開した箇所ではなく、「ラディカルな個人主義と『メカニズム』としての国家の把握」に出発する「若きフィヒテ」を扱った箇所に、「もっとも親近性と共感を覚え」るといい、さらに師南原との「思想のバトン継受」について、南原が「自由と個人から社会と民族へと意味づけの力点を移動させて来た」(傍点は引用者。以下同じ)とすれば、丸山は逆に「政治的＝集団的価値の独自性をいわば自明の出発点として発足しながら、自由な人格への途を歩一歩とさかのぼって来た」と述べ、この「倒錯」を「『近代』日本の数奇な精神史的運命」と位置づけている。[2] 南原と丸山の「思想のバトン継授」がどのようなものであったのかは精緻な分析を要すると考えるが、本論では、「国家的政治価値と個人人格価値を、その他の文化価値とともに、並列・相関々係において考え、そしてその下限に経済的非合理性を据え、上限に宗教的非合理性をもって覆おうとする」[3] と図式化される南原の共同体論の構成を、南原がフィヒテに見出した思考——「フィヒテ的思惟」——を起点にして、『フィヒテの政治哲学』所収の論文を中心に、その基底的思考から再構成することにより、南原の共同体論を近代日本思想史上に位置づける端緒としたい。

2　南原共同体論の構成

(1)　思考の核としての「フィヒテ的思惟」

南原は、フィヒテがカントの形式主義の哲学にあきたらず、実在の哲学へ向かう点に着目し、南原自身の共同体論を構築する。南原はこの共同体論を構築するに当たり、実在の哲学の契機となる次のようなフィヒテの論理を出発点としている。

「自我は自己自身を規定するためには、すべての他のものから区別することを要し、ここに『非我』が対立せられる。……非我は自我の立てたものであって、『自我は自我のなかに非我を立てる。』意識においては自我と非我とが互に制限し、おのおのは他に対する関係においてのみ立てられ、他によって規定せられる。(4)」

「純粋自我の自意識が具体的意識となり、自我の純粋行が現実の行為となるためには、自我のほかなる『非我』の存在を前提とし、これを通して自己みずからの発現に向わなければならない。これによって、自我の絶対理性は、自己自身を制限して、有限の世界に入り込むのである。しかも、その制限はどこまでも自我の自由によってでなければならず、したがって、非我は本来自我が自己みずから立てたものでなければならない。[5]

「絶対的自我のそれ自身無限な活動は、みずから限界を立てることにより、たえずみずから新しい課題を立て、それを解決してはその限界を乗り越え、また新しい限界へと進む。そこに自我はみずからの限界を拡めつつ非我を把握する。[6]」

後に『政治理論史』（一九六二）のなかで示された表現によれば、

「自我は制限されなければならぬが故に有限であると同時に、その有限なることにおいて無限である。なぜなれば、その制限――みずから立てるところの限界――は無限に拡張され、そして、それを克服することによって、自我の本来の絶対性を回復し得るから。[7]」

「理性がその中において自己自身を見出すために、自らの対立として実在を立て、これによってより高い段階において精神が自己自身を意識するに至るのである。そして、これはまさにフィヒテ的思惟にほかならない。[8]」

というものである。ここには、自我は非我によって制限されることによって初めて現実的となり、現実的なものは自我と非我との結合として二重性において捉えられ、そして自我が非我による制限を乗り越えること――いわば対立と克服の運動――こそが、自我の「自由」であり、人間の

「精神」であるという思考を読み取ることができる。つまり、自我が非我を立てそれを乗り越えるとは、自我が関係の対象を定め、その対象との関係のあり方を確定することにより、自覚に至ることを意味する。そしてそれを持続的に行うことによって、自我は現実的となるのである。南原は、この自我と非我との関係の論理（「非我の論理」）を思考の核として、非我を「他者」、「絶対他者」、「自然」と設定し、具体的には、人格の形における「非我」、すなわち「他者」との関係を展開することによって「自由と国家の理念」を、さらに「絶対他者」との関係から宗教の非合理性について論じ、非我としての「物的自然」との関係を「感性文化の思想」として展開している。以下、順に見ていきたい。

(2)「他者」との関係――「自由と国家の理念」

人格の形における「非我」、すなわち「他者」との関係は、まず次のように示される。

「自己のほかの理性的存在者『他者』が承認されたことは、まさに自由の活動のかような衝動の根拠の発見であり、自我の活動の根拠はもはやその否定を意味する制限としての単なる非我においてでなく、自己と同様な他の理性的者の自由活動において見出されたのである。(9)」

ここでは自我の活動の根拠が、自我に対して「要請」する者として「他の理性的者」に見出されている。この自我の自由な活動までの「要請」とは、関係形成としての「教育」であるという。[10] そして、「他者」の存在を前提とすることにより、「多の個我の存在とその相互の間の教育的精神関係」から、社会共同体概念が成立する。

「人間はもはや理性の権化として自ら完全な実在でなくして、他者の要請によって自己は発見せられるのであり、かような自他の交互関係において初めて理性はその活動と実現を見るのである。以前には単に多個の並存による数学的社会関係が論理的に思惟されたのに、いまや一者の他者に対する依存によって相互のあいだに動的活動関係として社会共同体概念の成立の可能がある。[11]」

ここに見られる関係は、あくまでも相互の精神的関係である。このような関係は、「社会共同体における人間」として次のように描かれる。

「本来自我は唯我主義のように無制限と孤立とによって自己の完成にまで自らを作り上げることでなくして、共同生活の制限において、言いかえれば、自己と同じ理性的存在者である他者の承認とその交互関係において、初めて現実的に個我として自己自らの能力と使命を自覚するに至るべく、かようにして社会共同体のうちにおいてのみ人間の使命を達成し得るからである。[12]」

ここでの「社会」とは、なお一般的普遍的概念であり、いまだ歴史的個別的概念において把握されたものではない。この「社会」から現実的な共同体へ、一般的形式概念から歴史的な具体概念への展開を、南原はフィヒテの後期知識学に見出し、「社会」から「民族」への発展として次のように述べる。

「人間は自然法思想の如き機械的平等なる原子的個ではなくして、道徳的人格の自律の概念に出発しつつ、各々の特性に従ひて自由の活動の主体たる個性――文化的個性の価値である。かやうなものとしてフィヒテに於て人間は孤立せる個人としてでなく、初めから『社会』共同体思想と結びつき、文化共同体の理念を要請するところであつた。このことは後期に於て『民族』と『民族共同体』の概念が立てらるるに及んで愈々明白にせられたところである。今や民族が社会的統一の具体的者として、それ自身神的理念の表現として考へられ、民族共同体こそが純粋の道徳的共同体、否、完全なる文化共同体として表はされる。ここに以前には単に理性の世界として思惟せられた『社会』の精神的構成が新しく民族の概念に於てその実現を見出すに至る。それは前期の形式的なる『社会』理念……が精神文化概念の基礎の上に、各々の民族の真の統一を創造し、そこに具体的なる社会共同体が形成さるるに至つたことを意味する。吾々はここに自らの民族に於て人類の理念が代表せられ、人類社会理想と民族的国家理想とが固く内的に結合せらるる所以を了解し得るのである。[13]」

人間は「具体的なる社会共同体」である「民族共同体」（国民共同体）を通じて人類概念に到達する。そしてこの国民的文化共同体は政治的国家に理性的世界観の基礎を据えるものとして次のように述べられる。

「国民によって国家の理想的形成がなされ、国家権力に理性的世界観の基礎が据えられたことを意味するのである。かような国民国家はそれ自体ひとつの理念であって、直ちに現実的な国家ではなく、遥かに時代を超えて存在する。……歴史的なもろもろの国家は、かような国家理念を実現しようとする努力の表われと観るべく、この理念の具現せらるべき可能体である。[14]」

「他者」概念の成立、そこから一者と他者との教育的精神関係によって結ばれる「社会共同体」を導き、一般的普遍的概念である「社会共同体」から歴史的な具体概念である「民族共同体」に展開し、「民族共同体」を基礎に据えた「政治的国家」へと論理を展開したのであった。南原は、このプロセスを通じて、「自由と国家との間の対立にかかわらず、それが終局においてフィヒテのように、いずれもともに同一理念の原理的要求を表現するものとして互いに相関関係において認識せられたこと、少なくともその方向にあったことは、甚だ重要な問題を暗示する」[15]と捉え、「自我の二重の原衝動」――「一つはあらゆる非我を支配し、これによって自我を無限に高める衝動であり、他は自我を他者との結合のなかに織り込み、これによって全体に奉仕する衝動」――が、「全体の発展において保存せられ、同時的共存の関係」にあったことに固有の意義を認めている。これにより、単に「全世界を自我の絶対究極目的のもとに服属せしめようとする要求」のみから、あるいは「共同の精神的紐帯によって自我が他者と結合して全体のなかに入り込むべきであるとの要請」のみから理論を構築することは、南原によって斥けられることになる[16]。

南原がこの「民族共同体を基礎に据えた政治的国家」の考え方を、歴史的に実在する現実的な国家を対象に直接言及したものに、日本国憲法制定過程における国民共同体論の主張がある。一九四六（昭和二一）年の第九〇回帝国議会における貴族院議員としての質問演説のなかで、南原は「政府当局はただに国体観念の変らぬことをのみいうのを止めて、むしろ進んでその変化し、時代とともに発展したこと、否、しかせしめねばならぬことを明言し、同時に憲法においてわが国の政治的権威は、かようなわが民族共同体または国民共同体に由来することを、宣明する必要があると思うがどうか。」と述べ、「国家とはかような国民共同体の最高の組織体にほかならぬ[17]」と、国民共同体とその組織体としての政治的国家との関係について述べている。ここにいう「国民共同体」は、南原にあっては「他者」概念から導かれた、分析・批判を経た普遍的な根拠をもつ国民個性としての概念であり、「自由と国家との間の対立」にもかかわらず「同一理念の原理的要求を表現する」ものとして、あるいは「自我の二重の原衝動」の「同時的共存」によって成り立つものとして捉えられた概念である。さらに、この点を個人の実存レベルにおいて、国民共同体における個人の意志と国民全体の意志との関係として述べたものとして、晩年のものではあるが、「戦没学徒の遺産を嗣ぐもの」(一九六四)に、若き学徒を送り出した教師の立場から述べた次のような文章がある。

「私は彼ら(若き学徒)に『国の命を拒んでも各自の良心に従って行動し給え』とは言い兼ねた、いな、敢えて言わなかった。もし、それを言うならば、みずから先きに起って、国家の戦争政策に対して批判すべきであった筈である。私は自分が怯懦で、勇気の足りなかったかを反省するとともに、他方、今日に至るまで、なおそうした態度の当否について迷うのである。……私は学生と語った。『国家がいま存亡の関頭に立っているとき、個々人の意志がどうであろうとも、われわれは国民全体の意志によって行動しなければならない。われわれはこの祖国を愛する、祖国と運命を共にすべきである。ただ、民族は個人と同じように、多くの失敗と過誤を冒すものである。そのために、わが民族は大きな犠牲と償いを払わねばならぬかも知れない。しかし、それはやがて日本民族と国家の真の自覚と発展への道となるであろう』と。[18]」(丸括弧内は引用者。以下同じ)

南原が「各自の良心に従って行動し給え」とは敢えて言わず、「みずから先きに起って国家の戦争政策に対して批判する」という態度の当否について迷うのは、「祖国＝国民共同体」が「自我の二重の原衝動の同時的共存」によって成り立つものであり、単に個人の意志のみを主張しそれに従うことは、「非我の論理」に反することであると考えられたからであろう。しかし、それは単に国民全体の意志に従うことを意味するものではなく、あくまでも、日本民族と国家の「自覚と発展への道」につなげるという認識と意志のもとでの決断であったと考えられる。

(3)「絶対他者」との関係――宗教の非合理性

一者の他者に対する関係の基本は「教育的精神関係」であり、この関係が社会共同体ひいては国民共同体の基礎に置かれていた。これは「人間の理性的性格と精神的創造が常に彼と同様な他の理性的者の協働によって初めて実現される[19]」という関係であった。精神的関係を据えることで、単なる個人と社会という抽象的形式的な世界から、「国民は人間個人と人類との間の紐帯であって、決して単なる通過点、言いかえれば、やがて克服せらるべき過程ではない。かえって、歴史的世界においての人類理念の実現の相であり、国民において生きた自由の人格の達成が期待しえられるように、国民によって人類の理念が実現しえられる[20]」という具体的な世界観を提示した。

しかし、理性的努力のみによって、自我と非我との対立と克服の運動を続けるには限界がある。「この一者の他者に対する関係は無限の系列において連なり、ついには絶対他者、無始な絶対的精神としての神の観念にさえ導かれる。」この絶対他者との関係を、南原は文化と宗教との関係として次のように捉える。

「およそ宗教は、一切の文化の価値を超越し、それ自体、超価値の世界にその境地を有するものである。その意味は、初めから宗教が価値に冷淡または無関心であるのではなくて、かえって、価値と反価値との鋭い対立を前提とし、それ故にこそ、その対立の厳しさに耐えかねて、そこから超脱することが要求されるのである。

……宗教人は、いずれの文化的価値生活のなかにも入りこみ、そのただ中にあって、神と偕にある生活を生き得るばかりでなく、文化人としてのもろもろの生活と活動の力と生命をかえって宗教から導き出すことができるであろう[21]。」

これは、「一般に宗教の否定を意味せず、かえって宗教そのものの非合理的純粋性をあらゆる論難攻撃の矢も及ばぬところにおいて維持し、哲学の問題としても文化の価値原理の局限における問題として関係づけようとする[22]」認識である。「フィヒテ的思惟」を支えるものとしてこの文化と宗教との関係の論理があり、この「信仰に支えられたフィヒテ的思惟」こそが、南原の基底的思考といえるであろう[23]。

社会共同体の理念に関して、南原がフィヒテについて次のようにいうとき、それは南原自身も根底において把持していた宗教的理念であったと考えられる。

「人間が人間であるかぎり、おのおの神性を宿した理性的存在者として、すべての人の完全な平等の思想——これはフィヒテが社会共同体の理念として、つねに把持したところのものである。そして、かような宗教的形而上学的理念は、……自然法または理性法の概念を媒介として、そこから政治社会改革の理想を抽き出した淵源にほかならない[24]。」

しかし、フィヒテが「宗教上の自由と平等から直ちに政治社会の理論を導出しようとするときに、……キリスト教の内面性から組織的に合理的な社会原理を形成する点において、宗教の非合理性を政治的につくりかえるもの[25]」であり、そこには「権威信仰[26]」があると南原は批判する。あくまでも南原は文化の価値原理の問題として政治を学問的に捉えることを目指したのであった。後期フィヒテにおいて、絶対他者として「民族国家＝政治的国家」が形成されてくると、自由を保障するための制度によって、自由が強制されるという矛盾が提出される。その解決を、フィヒテは「教育国家」の思想に求める。

「強制は理性の高い洞察にまでの条件、それによって共同体の意識が個人に覚醒せられ、人が単なる自然的存在者から精神的存在者につくり変えられるための手段であることが強調せられる。かような国家は同時に教育国家であり、国家は本来、すべての人の洞察からなる『理性の国への学校』である。法の洞察と道徳的本分の洞察にまで国民を教養することにおいて初めて強制的権力の妥当根拠があり、教育と結合する以外の強制はなく、否、強制は教育それ自体である。[27]」

しかし、南原はフィヒテのこの教育国家論を、政治的国家が精神的価値的基礎を必要としているという点に意義を認めつつも、全体主義的国家観に陥る危険を指摘し、批判する。[28] 絶対他者の必要は認めつつも、自我と絶対他者との関係は、宗教の非合理的純粋性を失わないものでなければならなかった。

南原が宗教の非合理的純粋性を失った擬似宗教批判、擬似共同体論批判を特に展開したのは、一九三六年以降に書かれ、『国家と宗教』（一九四二）に収められた論文によってであった。[29] そこで南原は、宗教否定の傾向に対して宗教が問題の俎上にあがってくることの意義を認めつつも、国家が宗教を独占して宗教によって基礎づけを行うこと、つまり国家が絶対他者として現れることを批判する。そしてその批判は、国家と宗教との結合を批判し、その分離を説くだけでなく、自我と「国家＝他者から演繹された共同体」と絶対他者の関係を、それぞれ正当な関係として築くべきであるという批判であった。それは、現実の祖国が神政国家の様相を増し、南原個人の意志と国民全体の意志が乖離していくと考えられたなかで、前節で述べた南原の「みずから先きに起って国家の戦争政策に対して批判する」という態度とは別の道として、信仰に支えられ価値と反価値の対立を超脱しつつ、時代の問題をその理論体系に位置づけるという、真理に生きる学問人としての南原の営みであった。

(4) 「物的自然」との関係――感性文化の思想

南原は「フィヒテ的思惟」を非我としての「物的自然」との関係においても展開する。そこでは、理性的存在としての人間と感性的存在としての人間との関係について論じている。まず、「物的自然」との関係は次のように示される。

「フィヒテにおいて、物的自然の存在は理性自身によって立てられた『障害』――すなわち、やがて自らそれを乗り越えることにより、自己自身を実現せしめるために理性の自ら立てた『制限』にほかならないことが理解せられる。それ故に、およそわれわれの反省と活動の対象となるものは、それを克服するための『努力』によって、理性が自覚に達するためのいわば『手段』にほかならない。かようにして、非我を漸次的に克服し、一切の存在を常に精神的に浸透することによって、みずからの理性的本質を顕わにする。自我の活動の本質をかような理性的『努力』として把握するところに、フィヒテの特質があり、そこに『自由』の積極的意義が見出されるのである。[30]」

物的自然を非我として自我の活動に位置づけていることは、理性生活と関連づけて、感性生活も理性生活の条件として意義を認めていることを意味する。

「生活問題をば単なる生活――『胃の腑』の問題とはしないで、何にもまさって人間の自由の行為、自律的人格とその文化的活動の問題たらしめようとするものである。……彼（フィヒテ）において重要なのは、これを人間の単に主観的な幸福の状態でなくして、世界の裡に自らの超感性的使命を達成するに当って、これを制約する感性的条件としてである。けだし、われわれが同時に感性的存在者として日々の労働によって生存することができないとすれば、われわれが自由行為の主体・理性者として自ら永遠を把握することが不可能であるからである。言いかえれば、われわれの感性生活における物質的要求は、あくまでも超経験的な形而上学的理想と深く内的に結合されてある。[31]」

しかし、他方で感性生活における物質的要求を満たすのみで、単に生命の維持を目的にするに止まるとすれば、「人間をしてその身体的存在の単なる手段と化せしめ、それによって彼の精神を畸形にし、かの獣と同一段階にまで貶下せしめるに至るであろう。[32]」という。こうして理性生活の条件として、感性生活は「感性文化」としての位置づけを得ることになる。

「人間の使命は非理性的者を理性に従属せしめること、言いかえれば、非我としての自然を自我によって克服することであり、『文化』とは畢竟それ以外のものではなく、それは人間の道徳的終局目的に対する最高の手段であるばかりでなく、人間を感性的存在者として観るとき、それ自体最終目的である『感性文化』の思想である。[33]」

南原は、フィヒテの眼が日々の生活に届いていることについて、「彼（フィヒテ）がその理想主義哲学において人間の高い使命を規定した際、それと同時に最も現実的な人間の日々の生活のためにも配慮したところ[34]」に、「無限の意味」を読み取っている。そして、日々の労働と全体の社会共同体の形成との関係は、次のように描かれる。

「経済を営む人間個人は、その労働の意義を、単に物質的な生産関係においてでなく、また勤労奉仕というがごとき、ただに全体生活への奉仕においてでなく、何よりも自らの労働において自己の使命を自覚し、これによって自己の個性を生かすことにおいて見出さなければならない。……おのおのの人が、かように自らの使命を達成することにおいて、その存在の意義を見出すときに、よく全体に対する義務と責任を自覚する国民となるべく、国家はかような国民によって構成せられるときに、初めてその真の共同体的統一が成就せられるであろう。[35]」

南原はフィヒテが「職能による国民の社会的区別の存在すること、そしてこれを単なる経済的分業の問題とせずして、文化の本質に属する課題として論じた点」に意義を見出している[36]。そして、感性文化として、「経済」を人間文化行為の表現として捉え、「これなくしては他（固有の文化領域を形成する真・善・美・正義）の文化諸価値が成立し得ない基礎、他の諸価値の実現の前提条件[37]」として、自らの価値体系の「下限」に経済的非合理性として組み入れたのであった。

3　南原共同体論の位置

ここまで、南原がフィヒテ的思惟を起点に、自我と非我との関係を、三つの非我——他者、絶対他者、物的自然——に応じて、それぞれ教育的精神関係、信仰的関係、理性生活の条件としての関係において展開してきたところを跡づけてきた。これは、「政治的価値」（文化価値）とその「上限」を覆う「宗教的非合理性」、「下限」に据えられた「経済的非合理性」に対応している。最後に、このような理論を展開した南原にとっての非我は何であったのか。南原は自己自身を見出すため、自己認識を獲得するために自らの対立として何を立て、そしてそれをどのように克服していったのか、という観点から確認しておきたい。

まず南原は、「理論人」としての自己を、「実際政治家」と区別して「思弁的政治家」と位置づける[38]。そして、その本分は、たとえ「学者の試案」としてその政治論が思想系列の一環として残るに過ぎなくとも、人びとに対してこの論題について深く反省させ、現実の所与に満足せず、そこから抜け出て、新しい組織を構想させることにあるとしている。その「理論人」としてとった自らの立場に関連し、「批判哲学」について次のようにいっている。

「カントが『実践理性批判』の或る箇所で、本書の内容は単純な人びとの経験するところを理論化したに過ぎない、ということを述べているのは意義が深い。批判哲学は新たなものを創造するのでなく、われわれの経験を自覚にまで呼び起こし、それを分析綜合して、意識の統一にまでもたらすのである。(39)」

「批判哲学は全く新たなものの創造を僭称するものでない。われわれが未だ自覚していないところを自覚にまで呼び起こし、それを分析し綜合して、論理の統一的秩序の中にもたらすことができたならば、われわれの目的を達したものと言わなければならない。ここに敢えてこのことを強調するわけは、政治または倫理の考察において、儒教や仏教のごとく、往々理論的思惟に徹しないで、体験の直接的世界に逃避する傾向を自戒したいがためである。われわれはこの種の体験的内容を摂り容れつつも、あくまでも理論的思惟を貫きたいのである。この点において、われわれはどこまでもギリシアの児たるべく、真理のために真理を愛する理論人でなければならない。(40)」

自らを理論人として位置づけ、「単純な人びと」を主体として、「経験を自覚にまで呼び起こし、それを分析綜合して、意識の統一にまでもたらす」ことをその立場としているといえよう。南原の「単純な人びと」への信頼は、新たに立てた政治的価値と「単純な人間＝民衆」との関係について述べた次のような言葉で確認できる。

「これまでの多く個人的人間教養に対して、新たに政治的教養の必要な所以がある。それによって、政治的真理や正義に対する国民大衆の関心と情熱が振い起される必要がある。真理自体はその性質上人間の知恵として、かえって単純な人間——民衆によって理解されるであろう。(41)」

ここには、理論人としては、あくまでも時代の問題を分析・総合して体系的秩序のなかに示すことが目的であり、それが真理であれば、共同体の主体である民衆によって理解されるという考えが読み取れる。

このような理論人としての立場から、南原は同時代の理論をどのように位置づけていたのか。南原が時代の問題の出発点を見出した「自由主義」、そこから生じた「社会問題」を解決すべく登場したマルクス主義と民族社会主義などへの南原の批判を、自我と非我との関係のあり方を中心に確認していきたい。

まず、南原は「自由主義」については次のように述べる。

「個人がおのがじし営為することによって全体の調和をもたらし、社会共同生活の福祉を招来し得るとの自然法的確信——その根底において、人間はおのおのその裡に理性を帯有することによって、みずからの共同生活を意味豊かに形成し得るとの啓蒙的楽観主義——に立つものにほかならない。ここに厳密な意義における近代の『社会問題』の発生を見、貧富の甚だしい懸隔、強者の弱者に対する搾取、所有者階級と無産者階級との対立と闘争——一言をもっていえば、社会の無秩序と混乱の状態——が露呈されるに至ったのである。[42]」

自由主義の帰結は、「社会の無秩序と混乱」であり、その「楽観主義」のなかには自己と他者との精神的な関係を見出せない。

次に、この「社会問題」を解決すべく登場したマルクス主義と民族社会主義はどのように批判されるか。

「おしなべて社会主義は個人自由主義に対し『社会』全体の理想を重視するにかかわらず、ともに全体の概念を立て得ずして、かえってそれを狭隘にし、むしろ分裂せしめさえする結果をもたらすに至った。両者ともにその根底において、自己の属する『階級』または『党派』をもって全体の立場を僭称する独断が潜む。[43]」

そして、次のように述べる。

「近代社会主義が正当にも要請した社会全体の概念は、何において、いかにして、立てられ得るであろうか。それは必ずや、根本において『自然』とは区別さるべき『精神』による結合でなければならず、人格の自律とその相互の依存関係を条件としなければならない。[44]」

南原は、マルクス主義と民族社会主義の両者が「社会問題」に対して「社会」全体の理想を立てようとした問題提起の意義は汲みつつも、その解決方法については批判する。南原は、マルクス主義においては、経済が「人間の意志と行為を超えて妥当し、むしろ、かえってそれらを規定し、規律する必然の力であり、人間と世界のすべての営みはこの『経済的非合理性』の発展のなかに押し流される[45]」と捉える。そして、「人間の社会と自然の世界とを根本において無差別化する『社会的自然主義』」によって結合していると批判する。理性生活の前提条件であったはずの「経済」がその領域を越えることによって、理性の世界を押し流し、結果的に「自然」による結合となるという批判である。

民族社会主義については、「『血』の理念を強調する人種学的立場」であり「人種」的非合理性によって結合し、「根本において自然と精神との同一化が考えられてあり、……すべての精神的なものは感性的なものに、すべて理念的なものはせいぜい心理的なものに打ち換えられる危険が生ずる」[46]と捉える。そして、これは生物的自然主義による結合であると批判する。人間理性の問題、文化価値の問題として「精神」による結合を説く南原は、マルクス主義と民族社会主義の両者を自然主義として批判する。

他方で、文化価値の上限を覆うと位置づけられた「宗教的非合理性」の純粋性の確保については、国家が絶対他者としてあらわれる国家と宗教との結合、つまり政治の側からの結合に対する批判のみならず、宗教の側からの結合、つまり宗教を目に見える形で表そうとする教会概念に対する批判としても展開される。宗教は、価値と反価値との対立を超え、理性を超えた価値の極限に位置し、純粋性において捉えられるべきであるにもかかわらず、「感性的手段の助けによってのみ超感性的存在を表現し、精神的なものの実在をば感覚的形体化に結びつけることによって、精神と人格との宗教を奇蹟と徴しとの宗教に化することを思い止まらなければならぬ」と述べ、「見えざるものを見えざるものとし、精神を精神とし、イデアルのものをイデアルのものとして把握し、確信する力を喪失してはならない」[47]（圏点は原執筆者）として、感性的なものによる結合に覆われた時代思潮に対して、あくまでも「精神」による結合が南原の立場である。

それは、理性の領域を極めることによってかえって非合理の領域を認め、非合理的なものを理論的思惟から切り捨てず、非合理的なものは非合理的なものとして理論体系に位置づけることによって南原の共同体論が構築されたが故に得られた立場であったといえよう。理論人として、同時代の理論を位置づけるとは、非我として立てることであり、それは対象とする理論の意義と限界をそれまでの自らの理論との関係において見極め、自らの理論体系をさらに深化させることにほかならない。南原における、社会問題を生み出した自由主義、マルクス主義、民族社会主義などとの対決は、「みずから限界を立てることにより、たえずみずから新しい課題を立て、それを解決してはその限界を乗り越え、また新しい限界へと進む。そこに自我は自らの限界を拡めつつ非我を把握する。」というフィヒテ的思惟の実践であったといえよう。[48] 信仰に支えられたフィヒテ的思惟を思考の核として、南原は、「社会問題」の解決を目指した諸理論に対して、「単純な人びと＝民衆」、「自らの労働において自己の使命を自覚」する人々を主体とする共同体論を展開したのであった。

註

（1）拙稿「南原繁の『共同体』論――一九三六年における転回――」（『年報日本史叢』一九九五、筑波大学歴史・人類学系、一九九五、九～四八頁）においては、時代状況に対する南原の問題意識の転回を軸とする共同体論の展開の分析によってその解明を試みたが、本論は南原の共同体論を展開する核となる思考の存在とその展開を明らかにしようとするものである。

（2）丸山真男「南原繁『フィヒテの政治哲学』を読んで」『図書』一九五九年六月号（『丸山眞男

集』第八巻、岩波書店、一九九六）一一〇頁。
（3）南原繁「新幀版序」『自由と国家の理念』（青林書院、一九五九、新幀版、一九六五、『南原繁著作集』第三巻、岩波書店、一九七三）三〜四頁。
（4）南原繁「フィヒテ政治理論の哲学的基礎（一）」（『国家学会雑誌』第四四巻第一一号、一九三〇。同『フィヒテの政治哲学』岩波書店、一九五九）五頁。
（5）南原繁「フィヒテに於ける社会主義の理論」（『国家学会雑誌』第五三巻第一二号、第五四巻第一二号、一九三九、四〇。同上書）一八二頁。「フィヒテは、自由を実現するために自由によって自由自身を拘束する、という考え方をとる。無制限の自由なるものは現実的な自由、つまり個体にそなわる自由ではない。無制限だが単に可能的にすぎない自由は、制限されることによって初めて現実的となるのである。」（藤澤賢一郎「『知識学の原理による自然法の基礎』解説」『フィヒテ全集・第六巻「自然法論」』哲書房、一九九五、五七五〜五七六頁）
（6）南原、前掲「フィヒテ政治理論の哲学的基礎（一）」、五頁。
（7）南原繁『政治理論史』（東京大学出版会、一九六二）二八二頁。
（8）南原、同上書、三一九頁。
（9）南原繁「フィヒテ政治理論の哲学的基礎（二）」（『国家学会雑誌』第四四巻第一二号、一九三〇。同、前掲『フィヒテの政治哲学』）三二頁。
（10）南原、同上論文、四一頁。

(11) 南原、同上論文、四二頁。
(12) 南原、前掲「フィヒテに於ける社会主義の理論」、一三〇頁。
(13) 南原繁「フィヒテに於ける社会主義の理論(三・完)」(『国家学会雑誌』第五四巻第一二号、一九四〇)六三頁。この部分のみ『国家学会雑誌』より引用。
(14) 南原繁「フィヒテに於ける国民主義の理論」(杉村章三郎編『筧教授還暦祝賀論文集』有斐閣、一九三四。南原、前掲『フィヒテの政治哲学』)二九二頁。ただし、『フィヒテの政治哲学』においては「国民」が「民族」となっているが、初出の「国民」に改めて引用した。
(15) 南原、同上論文、三一七頁。
(16) 南原、前掲「フィヒテに於ける社会主義の理論」、一三〇〜一三一頁。
(17) 南原繁「制定過程 その一」(一九四六年八月二七日、『南原繁著作集』第九巻、岩波書店、一九七三)二六頁
(18) 「戦没学徒の遺産を嗣ぐもの」は、一九六三年一二月一日、学徒出陣二〇周年記念の集いにおいて南原が述べたもので、『世界』一九六四年一月号に掲載され、手を加えて南原『日本の理想』(岩波書店、一九六四)に収録された。前掲『南原繁著作集』第九巻、二二九頁。
(19) 南原、前掲「フィヒテ政治理論の哲学的基礎(二)」、四二頁。
(20) 南原、前掲「フィヒテに於ける国民主義の理論」、二七九頁。
(21) 南原繁「フィヒテの政治理論の哲学的基礎(四)」(『国家学会雑誌』第四五巻第九号、一九三一。

同、前掲『フィヒテの政治哲学』）一一四～一一五頁。

（22）南原、同上論文、一二二頁。

（23）南原の信仰に関する内村鑑三から南原への思想の論理構造のうえでの継承関係については、拙稿「内村鑑三と南原繁――天国と此世との接触面――」（『日本史学集録』第二〇号、筑波大学日本史談話会、一九九七）四〇～四四頁。また、思考様式としての南原の絶対者信仰については、池田元「南原政治哲学の成立――『絶対者』信仰と『政治』共同体――」（前掲『年報日本史叢』一九九五、同『丸山思想史学の位相――「日本近代」と民衆心性――』論創社、二〇〇四、所収）を参照のこと。

（24）南原、前掲『フィヒテの政治哲学』、一四六頁。

（25）南原、前掲「フィヒテの政治理論の哲学的基礎（四）」、九九頁。

（26）南原繁「フィヒテの政治理論の哲学的基礎（三）」（『国家学会雑誌』第四五巻第五号、一九三一。同、前掲『フィヒテの政治哲学』）八四頁。

（27）南原、同上論文、八一頁。

（28）南原、前掲「フィヒテに於ける国民主義の理論」、二八八～二八九頁。

（29）前掲拙稿「南原繁の『共同体』論――一九三六年における転回――」において、一九三六年における時代状況に対する南原の問題意識の転回と、それを軸とする共同体論の展開を論じている。

（30）南原、前掲「フィヒテに於ける社会主義の理論」、一八二頁。

(31) 南原、同上論文、二〇六~二〇七頁。
(32) 南原、同上論文、二〇五~二〇六頁。
(33) 南原、同上論文、二三一頁。
(34) 南原、同上論文、二〇七頁。
(35) 南原繁「国家と経済――フィヒテを基点として――」(『東京帝国大学学術大観 法学部 経済学部』一九四二。同、前掲『フィヒテの政治哲学』)、三三一~三三二頁。
(36) 「フィヒテの階級は『自由による特殊の限定』として立てられてあり、かの中世のような生誕と歴史的伝統に基づく固定した構成と階級的秩序でなくして、根本においてこれを自由の契約に基づかしめた点に、特質が置かれてあるからである。」(南原、前掲「フィヒテに於ける社会主義の理論」、二一七~二一八頁)
(37) 南原、前掲「国家と経済――フィヒテを基点として――」、三三〇頁。
(38) 南原、前掲「フィヒテに於ける社会主義の理論」、二〇二頁。
(39) 南原繁『政治哲学序説』(『南原繁著作集』第五巻、岩波書店、一九七三。単行本、岩波書店、一九八八)四二頁。
(40) 南原、同上書、四九頁。
(41) 南原繁「現代の政治理想と日本精神」(前掲『自由と国家の理念』所収、『南原繁著作集』第三巻)一二三頁。

(42) 南原、前掲「国家と経済――フィヒテを基点として――」、三三四頁。
(43) 南原、同上論文、三二五頁。
(44) 南原、同上論文、三二六頁。
(45) 南原、前掲「フィヒテに於ける社会主義の理論」、二三八頁。
(46) 南原、同上論文、二五六～二五七頁。
(47) 南原繁「カトリシスムとプロテスタンティスム――田中耕太郎教授の批評を読みて――」(『国家学会雑誌』第五七巻第八・九号、一九四三。同『国家と宗教』改版、一九五八、所収) 二五八～二五九頁。
(48) 本論で「信仰に支えられたフィヒテ的思惟」として捉えた南原の基底的思考は、ほぼ同時代を生き、南原と同様個人主義批判を展開した田中耕太郎の次のように捉えられた思考様式とはかなり異なっている。「父にとってのいい頭とは二つの問題の類似点を直観的に発見することのできる頭である。父の思考形式は、つねに一つの対象物をじっと見つめ、それの他のものとの関係を追求するという形をとる。こうして父は芸術のなかにでも学問のなかにでも、知人の顔のなかにと同じように人の気づかない、おもいがけない類似を見いだしてほくそえむ。」(田中耕三「父の一面」『田中耕太郎　人と業績』有斐閣、一九七七、五〇〇頁)

(二〇〇六・一〇・一六)

あとがき

本書は、南原繁における学問による生、そして時代との対峙を、南原の主著『フィヒテの政治哲学』と『国家と宗教』を構成することになる論文を中心に、南原と向き合い書いてきた論文集である。

「第一部　実存と学問」では、「南原繁の『共同体』論――一九三六年における転回――」において、南原が最も時代状況に対して根底的に学問的批判を行った時期の問題意識の転回と、それに応じた「学問＝共同体論」の展開を論理構造として内在的に分析し、学問人・宗教人としての自己規定を論じた。無我夢中で何とか南原を捉えようと取り組んだ最初の論文である。この論文をベースに、日本プロテスタント史研究会での報告をまとめたのが、「南原繁の実存と学問――一九三六年の嘆きとその昇華――」である。

「第二部　学問と思考様式」では、この自己規定論で考えた部分を、さらに深く掘り下げるべく、南原の一貫した精神の源泉を思考様式、思考態度、思考構造に見て、一九三六年の転回を生んだ南原の学問の成立、そして学問人・宗教人としての自己規定の成立を探ろうと試みたものである。第二部のうちでは、「内村鑑三と南原繁――『天国と此世との接触面』――」が最も古く、内村から南原への論理構造を中心とした継承関係を論じた。次に、南原が学問を一貫して持続的に、不断のダイナミズムをもって展開する基底的思考・論理を抽出したのが「南原繁の『フィヒテ的思惟』と『共同体』論の構成――『非我の論理』をめぐって――」である。さらにその基底的思考を支える信仰を「愛と正義の信仰」として具体的に組み込み、学問の成立として論じようとしたのが、「南原繁における学問的方法と『共同体』論の成立」である。ここから、南原を近代日本思想史に位置づけることにつながると考えているが、それは今後の課題である。

各論文の執筆時期には二十年近くの幅があり、「第一部　実存と学問」は大学院時代の「学問人」とは何かという問題意識が、「第二部　学問と思考様式」の「非我の論理」を扱った二論文においては、学問人としての意識は持ちつつも実務者として仕事をした国立公文書館時代の態度が、内容に影響していると思う。また、本書を通してみると、引用が重なる部分や言葉が足りないと感じる部分もあるが、表記方法や誤字脱字の類の修正のほかは、初出のとおりである。

この二十年近くの間に少しは論文が読めるようになったと思っていたが、まだ南原の論理をたどっているだけのところもあり、南原の意図を論理から汲み取りきれてはいない。まだまだ読む側の自らの眼を鍛えなければならない。ただ、ひとまず現時点での内在的分析による南原像としてまとめることは、そこから南原の同時代人たちとの比較、継承の考察を通して、南原の時代との対峙の固有性を示し、近代日本思想史のなかに位置づけ、南原の現代的意味を考えることにつながると考えている。

これまでの研究過程において多くの方々からの学恩をこうむっている。池田元先生には、丸山真男の『日本政治思想史研究』を読む演習へ参加させていただいたところに始まり、本書の上梓までご配慮をいただいた。これからも「生活に洗われきたえあげられた自らの学問的世界」の構築を目指す方向だけは向いていていたいと考えている。大濱徹也先生の演習で学んだ内村鑑三が少しは生かせているだろうか。そして大学院時代、国立公文書館勤務時代の諸先生、先輩、友人からのご指導や様々な刺激がなければ、とてもささやかな成果ではあるが、ここまでにも至らなかったと思う。また、一九九六年に資料調査で訪れた射水の方々にもお世話になった。心より感謝申しあげる次第である。

さらに本書刊行の機会を与えられた論創社社長森下紀夫氏、印刷・製本等にたずさわってくださった方々に、心より謝意を表したい。

二〇一二年七月二七日

下畠知志

初出一覧

第一部

南原繁の「共同体」論――一九三六年における転回――
（『年報日本史叢』一九九五、筑波大学歴史・人類学系、一九九五年一二月）

南原繁の実存と学問――一九三六年の嘆きとその昇華――
（日本プロテスタント史研究会第五二八回例会報告、一九九六年一〇月五日。『日本プロテスタント史研究会報告』第六三号、一九九七年二月二〇日）

第二部

南原繁における学問的方法と「共同体」論の成立（二〇一二年七月二〇日稿、未発表）

内村鑑三と南原繁――「天国と此世との接触面」――
（『日本史学集録』第二〇号、筑波大学日本史談話会、一九九七年五月）

南原繁の「フィヒテ的思惟」と「共同体」論の構成――「非我の論理」をめぐって――
（『年報日本史叢』二〇〇六、筑波大学大学院人文社会科学研究科歴史・人類学専攻〈日本史領域〉、二〇〇六年一二月）

〔著者略歴〕
下畠　知志（したばたけ・さとし）
1968年　広島県に生まれる
1990年　筑波大学第一学群人文学類卒業
1995年　筑波大学大学院修士課程教育研究科修了
1997年　筑波大学大学院博士課程歴史・人類学研究科中退
1997年　国立公文書館勤務（～2012.3）
専　攻　近代日本思想史
論　文　「南原繁の『共同体』論──一九三六年における転回──」（『年報日本史叢』1995）、「南原繁の『フィヒテ的思惟』と『共同体』論の構成──『非我の論理』をめぐって──」（『年報日本史叢』2006）

南原繁の共同体論

2013年４月10日　　初版第１刷印刷
2013年４月20日　　初版第１刷発行

著　者　下畠知志
発行者　森下紀夫
発行所　論 創 社
東京都千代田区神田神保町２－23　北井ビル
tel. 03 (3264) 5254　fax. 03 (3264) 5232　web. http://www.ronso.co.jp
振替口座 00160-1-155266
装幀／宗利淳一
印刷・製本／中央精版印刷
ISBN978-4-8460-1227-4